Konversationshandbücher

PARLO ITALIANO PER TEDESCHI

Erica Pichler

Ich spreche Italienisch

Manuale di conversazione con pronuncia figurata

AVALLARDI

Antonio Vallardi Editore s.u.r.l.
Gruppo editoriale Mauri Spagnol

www.vallardi.it

Prima edizione: 1991

Ristampe: 15 14 13 12 11 10 9 8 7 6
2014 2013 2012 2011 2010

ISBN 978-88-8211-404-6

INHALTVERZEICHNIS

I LAUTSCHRIFT UND AUSSPRACHE

Das italienische Alphabet besteht aus 21 Buchstaben, und zwar aus 16 Konsonanten und 5 Vokalen. Weitere 5 Buchstaben - J, K, W, X, Y - kommen zumeist nur in Fremdwörtern vor, manchmal auch bei alter oder veralteter Schreibweise.

Die Konsonanten

Buchstabe	Umschrift	Aussprache	Beispiele
B,b	b	wie banal	banale [*banà:le*]
C,c + a,o,u	k	wie Karl	Carlo [*kàrlo*]
		Komitee	comitato [*komità:to*]
		Kubus	cubo [*ku:bo*]
C,c + he, hi	k	wie Kegel	che [*kè*]
		Kilo	chilo [*kì:lo*]
C,c + e,i	tsch	wie Kutsche	cena [*tsche:na*]
		tschilpen	cima [*tschì:ma*]
D,d	d	wie Dame	dama [*dà:ma*]
F,f	f	wie fein	fino [*fì:no*]
G,g + a,o,u	g	wie Garten	gara [*gà:ra*]
		Gold	gola [*gò:la*]
		gut	gufo [*gù:fo*]
G,g + he,hi	g	wie geben	ghetto [*gètto*]
		Gipfel	ghirlanda [*girlànda*]
G,g + e,i	dsch	wie english Gin oder James	gesto [*dschästo*] gita [*dschì:ta*]
G,g + l	lj	wie Brillant	figlio [*fìljo*]
G,g + n	nj	wie Kognak	bagno [*bànjo*]
H,h	–	stummer Laut	hanno [*ànno*]
L,l	l	wie Lippe	labbro [*làbbro*]
M,m	m	wie Mutter	madre [*mà:dre*]
N,n	n	wie Natur	natura [*natù:ra*]
P,p	p	wie Palme	palma [*pàlma*]
Q,q	ku	u = keine eigene Silbe	quanto [*kuànto*] nicht [*kwànto*]
R,r	r	wie Rom	Roma [*rò:ma*]
S,s	ss	wie Mus	
am Wortanfang außer nach s + b,d,g,m,n,v			sette [*ssätte*]
in zusammenge setzten Wörtern			risalire [*rissalì:re*]
und nach Konsonant			pensare [*penssà:re*]
S,s	s	wie lesen	
+ b,d,g,m,n,v			smetto [*smètto*]
und zwischen Vokalen			rasa [*rà:sa*]
(regionale Unterschiede)			

Buchstabe	Umschrift	Aussprache	Beispiele
S,s + ca,cu,co	sk	wie Skala	scala [*skà:la*]
+ ga,gu,go	sg	Skonto	sconto [*skònto*]
		Skulptur	scultura [*skultù:ra*]
S,s + che,chi	sk	wie Skelett	scheletro [*skèletro*]
+ ghe,ghi			sghembo [*sgèmbo*]
S,s + ce,ci	sch	wie Schemel	scelta [*schälta*]
		Schimmel	sciare [*schi-à:re*]
T,t	t	wie Torte	torta [*tòrta*]
V,v	w	wie Wein	vino [*wì:no*]
Z,z	tss	wie Zimmer	ozio [*òtssio*]
+ i + Vokal			Ausnahme: azienda [*adsiända*]
nach "l"			alzare [*alttsà:re*]
in den Nachsilben anza, enza, ezza, ozza, uzza			speranza [*speràntssa*] bellezza [*bellètssa*]
Z,z am Wortanfang	ds	mit stimmhaften s wie in Rose	zucchero [*dsùkkero*]
zwischen Vokalen [*zahlreiche Ausnahmen!*]			azoto [*adsòto*]
Die Vokale			
A,a - I,i - U,u		wie im Deutschen	
E,e	e:	wie Fee	mela [*mè:la*]
	e	leben	verde [*wèrde*]
	ä	welche	era [*ä:ra*]
O,o*	o:	wie Boden	amore [*amò:re*]
	o	wollen	volere [*wolè:re*]

* Der Unterschied zwischen "offenem" und "geschlossenem" O ist hier nicht gekennzeichnet.

Doppelkonsonanten werden gelängt ausgesprochen	sacco [*sàkko*]
Zusammengesetzte Vokale werden stets getrennt ausgesprochen	Europa [*e-urò:pa*] sei [*ssä-i*]
Der Apostroph (') bezeichnet den Wegfall eines Vokals	l'ala [*là:la*] anstatt "la ala"

Artikel und Substantiv werden in diesem Fall wie ein einziges Wort ausgesprochen.

Im Italienischen gibt es außerdem zwei Akzente (`/), deren Unterscheidung jedoch nicht streng beachtet wird. Der akzentuierte Laut ist stets Tonträger.

Im allgemeinen wird im Italienischen die vorletzte Silbe betont. Geschrieben wird der Akzent nur, wenn der Tonträger die letzte Silbe betrifft oder wenn das gleiche Wort je nach unterschiedlicher Betonung verschiedene Bedeutung hat.

Im vorliegenden Reiseführer wird der Tonträger bei der phonetischen Umschrift stets mittels Akzent gekennzeichnet.

Groß geschrieben werden im Italienischen in der Regel nur Eigennamen, Höflichkeitsformen, hohe Feiertage, einige religiöse und histori-

sche Begriffe. Ansonsten beschränkt sich die Großschreibung auf den Satzanfang.
Die Trennung erfolgt zumeist nach Silben. Nicht getrennt werden die Konsonantengruppen b,c,d,f,g,p,t,v + l oder r und s + Konsonant. Als Beispiele führen wir lepre [*lè:pre*] und dovrà [*dowrà*] sowie raspa [*ràspa*] und caschi [*kàski*] an:le-pre; do-vrà; ra-spa; ca-schi. Folgen mehrere Konsonanten aufeinander, so wird in der Regel zwischen dem ersten und dem zweiten Konsonanten getrennt: sem-pre [*sămpre*]; manchmal auch zwischen dem zweiten und dem dritten Konsonanten: tung-ste-no [*tungstè:no*].
Die Kommasetzung ist im Italienischen weit einfacher als im Deutschen. Gewöhnlich setzt man das Komma nur bei Aufzählungen, vor und nach einer Apposition, vor und gegebenenfalls nach einem Vokativ, nach einer Ellipse. Satzteile, auch Nebensätze, die besonders hervorgehoben werden sollen, werden ebenfalls durch ein Komma voneinander getrennt.

II VOKABELN UND EINFACHE SÄTZE

EIN PAAR NÜTZLICHE WÖRTER

Abschleppdienst	soccorso stradale [*sokkòrsso stradà:le*]
Arzt	medico [*mȁdiko*]
bitte	prego [*prè:go*]
danke	grazie [*gràtssi-e*]
deutsch	tedesco [*tedèsko*]
Deutschland	Germania [*dschermà:ni-a*]
Dolmetscher	interprete [*intȁrprete*]
etwas	qualcosa [*kualkò:sa*]
geben Sie mir bitte Wasser	mi dia dell'acqua, per favore [*mì dì:a dellàkkua pèr fawò:re*]
geradeaus	diritto [*dirìtto*]
haltet den Dieb	al ladro [*àl là:dro*]
Hilfe	aiuto [*a-i-ù:to*]
Ich verstehe Sie nicht	non la capisco [*non là kapìsko*]
ja	sì [*ssì*]
jemand	qualcuno [*kualkù:no*]
Krankenhaus	ospedale [*ospedà:le*]
Krankenwagen	ambulanza [*ambulàntssa*]
Konsulat	consolato [*konssolà:to*]
links	sinistra [*ssinìstra*]
nein	no [*nò*]
nicht	non [*nòn*]
Österreich	Austria [*à-ustri-a*]
österreichisch	austriaco [*a-ustrì:ako*]
Pannenhilfe	carro attrezzi [*kàrro attrètssi*]
Polizei	polizia [*politssì-a*]
rechts	destra [*dȁstra*]
rufen Sie bitte	mi chiami per favore [*mì ki-à:mi pèr fawò:re*]
schnell	presto [*prȁsto*]
Schweiz	Svizzera [*swìtssera*]
schweizer	svizzero [*swìtssero*]
sofort	subito [*ssùbito*]
sprechen Sie deutsch?	parla il tedesco? [*pàrla ìl tedèsko?*]
verstehen	mi capisce? [*mi kapì:sche?*]
Verzeihung	mi scusi [*mì skù:si*]
wann	quando [*kuàndo*]
warum	perché [*perkè*]
was	che cosa [*kekò:sa*]
wer	chi [*kì*]
wie	come [*kò:me*]
wo	dove [*dò:we*]

FAMILIE UND VERWANDTSCHAFT

Bruder	fratello [*fratȁllo*]

Cousin	cugino [*kudschì:no*]
Ehefrau	moglie [*mòlje*]
Ehemann	marito [*marì:to*]
Eltern	genitori [*dschenitò:ri*]
Enkel	il nipote [*il nipò:te*]
Enkelin	la nipote [*là nipò:te*]
Enkelkind	il/la nipote [*nipò:te*]
Familie	famiglia [*famìlja*]
Großeltern	nonni [*nònni*]
Großmutter	nonna [*nònna*]
Großvater	nonno [*nònno*]
Junge	ragazzo [*ragàtsso*]
Kind	figlio/figlia [*fìljo/a*]
Kusine	cugina [*kudschì:na*]
Mädchen	ragazza [*ragàtssa*]
Mutter	madre [*mà:dre*]
Neffe	nipote [*nipò:te*]
Nichte	nipote [*nipò:te*]
Onkel	zio [*dsì:o*]
Schwager	cognato [*konjà:to*]
Schwägerin	cognata [*konjà:ta*]
Schwester	sorella [*ssorälla*]
Schwiegermutter	suocera [*ssu-ò:tschera*]
Schwiegersohn	genero [*dschè:nero*]
Schwiegertochter	nuora [*nu-ò:ra*]
Schwiegervater	suocero [*ssu-ò:tschero*]
Sohn	figlio [*fìljo*]
Tante	zia [*dsì:a*]
Tochter	figlia [*fìlja*]
Vater	padre [*pà:dre*]
Verwandte	parente [*paränte*]

EINIGE BERUFE

Apotheker	farmacista [*farmatschìsta*]
Arbeiter	operaio [*operà:i-o*]
Arzt	medico [*mädiko*]
Bäcker	fornaio [*fornà:i-o*]
Beamter	impiegato statale [*impi-egà:to statà:le*]
Bergmann	minatore [*minatò:re*]
Buchhalter	contabile [*kontàbile*]
Buchhändler	libraio [*librà-i-o*]
Dolmetscher	interprete [*intärprete*]
Eisenbahner	ferroviere [*ferrowi-è:re*]
Elektriker	elettricista [*elettritschìsta*]
Fleischer	macellaio [*matschellà-i-o*]
Gärtner	giardiniere [*dschardini-è:re*]
Glaser	vetraio [*wetrà-i-o*]
Goldschmied	orafo [*òrafo*]
Ingenieur	ingegnere [*indschenjè:re*]
Installateur	idraulico [*idrà-uliko*]

Journalist	giornalista [*dschornalìsta*]
Juwelier	gioielliere [*dscho-i-elli-è:re*]
Kassierer	cassiere [*kassi-è:re*]
Kaufmann	commerciante [*kommärtschànte*]
Kellner	cameriere [*kameri-è:re*]
Kfz-Mechaniker	meccanico d'auto [*mekkà:niko dà-uto*]
Koch	cuoco [*ku-ò:ko*]
Krankenpfleger	infermiere [*infermi-è:re*]
Krankenschwester	infermiera [*infermi-è:ra*]
Künstler	artista [*artìsta*]
Landwirt	agricoltore [*agrikoltò:re*]
Lehrer	insegnante [*insenjànte*]
Lehrling	apprendista [*apprendìsta*]
Lokführer	macchinista [*makkinìsta*]
Maler	imbianchino [*imbi-ankì:no*]
Maurer	muratore [*muratò:re*]
Musiker	musicista [*musitschìsta*]
Notar	notaio [*notà-i-o*]
Optiker	ottico [*òttiko*]
Postbote	postino [*postì:no*]
Rentner	pensionato [*penssionà:to*]
Richter	giudice [*dschù:ditsche*]
Schlosser	fabbro [*fabbro*]
Schneider	sarto [*ssàrto*]
Schreiner	falegname [*falenjà:me*]
Schriftsteller	scrittore [*skrittò:re*]
Schuster	calzolaio [*kaltssolà-i-o*]
Sekretärin	segretaria [*ssegretà:ri-a*]
Tierarzt	veterinario [*weterinàri-o*]
Uhrmacher	orologiaio [*orolodschà:i-o*]
Verkäuferin	commessa [*kommèssa*]
Vertreter	rappresentante [*rappresentànte*]
Zimmermann	carpentiere [*karpenti-è:re*]

NÜTZLICHE ADJEKTIVE

alt	vecchio [*wàkki-o*]
jung	giovane [*dschò:wane*]
antik	antico [*antì:ko*]
modern	moderno [*modèrno*]
arm	povero [*pò:wero*]
reich	ricco [*rìkko*]
bequem	comodo [*kò:modo*]
unbequem	scomodo [*skòmodo*]
berühmt	famoso [*famò:so*]
unbekannt	sconosciuto [*skonoschù:to*]
beste	migliore [*miljò:re*]
schlechteste	peggiore [*peddschò:re*]
bitter	amaro [*amà:ro*]
süß	dolce [*dòltsche*]
bunt	variopinto [*wari-opìnto*]; a colori [*à kolò:ri*]

einfarbig	in tinta unita [*ìn tìnta unì:ta*]
dick	spesso [*spèsso*]
dünn	sottile [*ssottì:le*]
einfach	semplice [*sämplitsche*]
doppelt	doppio [*dòppi-o*]
einfach	facile [*fà:tschile*]
schwer	difficile [*diffì:tschile*]
falsch	sbagliato [*sbaljà:to*]
richtig	giusto [*dschùsto*]
falsch	falso [*fàlsso*]
wahr	vero [*wè:ro*]
fein	fino [*fì:no*]
grob	grosso [*gròsso*]
fern	lontano [*lontà:no*]
nah	vicino [*witschì:no*]
fett	grasso [*gràsso*]
mager	magro [*màgro*]
feucht	umido [*ù:mido*]
trocken	secco [*sèkko*]
flach	piano [*pi-à:no*]
tief	profondo [*profòndo*]
frei	libero [*lìbero*]
besetzt	occupato [*okkupà:to*]
freundlich	gentile [*dschentì:le*]
unfreundlich	sgarbato [*ssgarbà:to*]
frisch	fresco [*frèsko*]
müde	stanco [*stànko*]
froh	contento [*kontènto*]
unzufrieden	scontento [*skontènto*]
früh	presto [*prästo*]
spät	tardi [*tàrdi*]
gar	cotto [*kòtto*]
roh	crudo [*krù:do*]
gebraucht	usato [*usà:to*]
neu	nuovo [*nu-ò:wo*]
gerade	diritto [*dirìtto*]
schief	storto [*stòrto*]
gern	volentieri [*wolenti-è:ri*]; con piacere [*kòn pi-atschè:re*]
ungern	malvolentieri [*malwolenti-è:ri*]
gesund	sano [*ssà:no*]
krank	ammalato [*ammalà:to*]
glatt	liscio [*lìscho*]
rauh	ruvido [*rù:wido*]
glücklich	felice [*felì:tsche*]
unglücklich	infelice [*infelì:tsche*]
groß	grande [*grànde*]
klein	piccolo [*pìkkolo*]
gut	buono [*bu-ò:no*]
schlecht	cattivo [*kattì:wo*]
halb	mezzo [*mädso*]
ganz	intero [*intè:ro*]

hart	duro [*dù:ro*]
weich	molle [*mòlle*]
hell	chiaro [*ki-à:ro*]
dunkel	scuro [*skù:ro*]
heiß	bollente [*bollènte*]
eiskalt	ghiacciato [*gi-attschà:to*]
hoch	alto [*àlto*]
niedrig	basso [*bàsso*]
kalt	freddo [*frèddo*]
warm	caldo [*kàldo*]
klug	intelligente [*intellidschènte*]
dumm	stupido [*stù:pido*]
kurz	corto [*kòrto*]
lang	lungo [*lùngo*]
langsam	lento [*lànto*]
schnell	veloce [*welò:tsche*]
laut	ad alta voce [*àd àlta wò:tsche*]
leise	silenzioso [*ssiläntssi-ò:so*]
leer	vuoto [*wu-ò:to*]
voll	pieno [*pi-è:no*]
leicht	leggero [*leddschè:ro*] (Gewicht); facile [*fà:tschile*];
schwer	pesante [*pessànte*]; difficile [*diffì:tschile*]
lustig	allegro [*allè:gro*]
traurig	triste [*trìste*]
mehr	più [*pi-ù*]
weniger	meno [*mè:no*]
mild	dolce [*dòltsche*]
scharf	piccante [*pikkànte*]
mild	mite [*mì:te*]
rauh	rigido [*rì:dschido*]
naß	bagnato [*banjà:to*]
trocken	asciutto [*aschùtto*]
nebelig	nebbioso [*nebbi-ò:so*]
klar	sereno [*sserè:no*]
notwendig	necessario [*netschessà:ri-o*]
überflüssig	superfluo [*supàrflu-o*]
offen	aperto [*apàrto*]
geschlossen	chiuso [*ki-ù:so*]
öffentlich	pubblico [*pùbbliko*]
privat	privato [*priwà:to*]
prima	ottimo [*òttimo*]
sehr schlecht	pessimo [*pàssimo*]
reif	maturo [*matù:ro*]
unreif	acerbo [*atschàrbo*]
ruhig	calmo [*kàlmo*]
aufgeregt	agitato [*adschità:to*]
salzig	salato [*ssalà:to*]
süß	dolce [*dòltsche*]
sauber	pulito [*pulì:to*]
schmutzig	sporco [*spòrko*]

sauer	acido [*à:tschido*]
süß	dolce [*dòltsche*]
schmal	stretto [*strètto*]
breit	largo [*làrgo*]
schön	bello [*bàllo*]
häßlich	brutto [*brùtto*]
schwach	debole [*dèbole*]
stark	forte [*fòrte*]
sonnig	assolato [*assolà:to*]
wolkig	nuvoloso [*nuwolò:so*]
spitzig	aguzzo [*agùtsso*]
rund	rotondo [*rotòndo*]
streng	severo [*ssewè:ro*]
nachgiebig	indulgente [*induldschènte*]
teuer	caro [*kà:ro*]
billig	a buon prezzo [*à bu-òn pràtsso*]
tief	profondo [*profòndo*]
oberflächlich	superficiale [*superfitschà:le*]
unterhaltsam	divertente [*diwertànte*]
langweilig	noioso [*no-i-ò:so*]
viel	molto [*mòlto*]
wenig	poco [*pò:ko*]
wichtig	importante [*importànte*]
unwichtig	irrilevante [*irrilewànte*]
windig	ventoso [*wentò:so*]
windstill	calmo [*kàlmo*]
zäh	duro [*dù:ro*]
weich	tenero [*tànero*]
zerbrechlich	fragile [*frà:dschile*]
unzerbrechlich	infrangibile [*infrandschìbile*]

DIE FARBEN

blau	blu [*blù*]
blond	biondo [*bi-òndo*]
braun	marrone [*marrò:ne*]
bunt	colorato [*kolorà:to*]
dunkel	scuro [*skù:ro*]
einfarbig	tinta unita [*tìnta unì:ta*]
Farbe	colore [*kolò:re*]
farbig	a colori [*à kolò:ri*]
gelb	giallo [*dschàllo*]
grau	grigio [*grì:dscho*]
grün	verde [*wèrde*]
hell	chiaro [*ki-à:ro*]
hellblau	azzurro [*adsùrro*]
kariert	a quadretti [*à kuadrètti*]
lila	lilla [*lìlla*]
orange	arancione [*arantschò:ne*]
rosa	rosa [*rò:sa*]
rot	rosso [*ròsso*]

schwarz	nero [*nè:ro*]
türkis	turchese [*turkè:se*]
violett	viola [*wi-ò:la*]
weiß	bianco [*bi-ànko*]

ALLGEMEINE FRAGEN UND REDEWENDUNGEN

auf keinen Fall	assolutamente no [*assolutamènte nò*]
beeile dich!	spicciati [*spìttschati*]
bitte	prego [*prè:go*]; per favore [*pèr fawò:re*]
bitte helfen Sie mir	per favore mi aiuti [*pèr fawò:re mì a-i-ù:ti*]
bitte hilf mir	aiutami per favore [*a-i-ù:tami pèr fawò:re*]
bitte sprechen Sie langsam	parli adagio, per favore [*pàrli adà:dscho pèr fawò:re*]
brauchen Sie ...?	ha bisogno di ...? [*à bisònjo dì ...?*]
danke	grazie [*gràtssi-e*]
danke, gut	bene grazie [*bè:ne gràtssi-e*]
darf ich?	posso? [*pòsso?*]
darf ich rauchen?	permette che fumi? [*permètte kè fù:mi?*]
darf man?	si può? [*ssì pu-ò?*]
doch	ma certo [*mà tschärto*]
einen Augenblick bitte	un momento per favore [*ùn momènto pèr fawò:re*]
ein Glas Wasser	un bicchiere d'acqua [*ùn bikki-è:re dàkkua*]
ein Glas Wein	un bicchiere di vino [*ùn bikki-è:re di wì:no*]
eine Tasse Kaffee	una tazza di caffè [*ù:na tàtssa dì kaffè*]
eine Tasse Tee	una tazza di tè [*ù:na tàtssa dì tè*]
Entschuldigung	scusi [*sskù:si*]
es tut mir leid	mi dispiace [*mì disspi-à:tsche*]
ganz gut	abbastanza bene [*abbastànssa bè:ne*]
gern	volentieri [*wolenti-è:ri*]
gern geschehen	non c'è di che [*nòn tschä dì kè*]
gibt es?	c'è [*tschä*] / ci sono? [*tschi ssò:no?*]
haben Sie ...?	aa ...? [*à?*]
herein	avanti [*awànti*]
herzlichen Glückwunsch	congratulazioni [*kongratulatssi-ò:ni*]
höchst wahrscheinlich	molto probabilmente [*mòlto probabilmènte*]
ich fühle mich nicht wohl	non mi sento bene [*nòn mì ssänto bè:ne*]
ich möchte	vorrei [*worrä:i*]
ich verstehe Sie nicht	non la capisco [*nòn là kapìsko*]
ich weiß es nicht	non lo so [*nòn lò ssò*]
ja	sì [*ssì*]
ja, bitte	si grazie [*ssì gràtssi-e*]
können Sie mir einen Gefallen erweisen?	può farmi un favore? [*pu-ò fàrmi ùn fawò:re?*]

lassen Sie mich in Ruhe	mi lasci in pace [*mì là:schi ìn pà:tsche*]
lieber nicht	è meglio di no [*ä mä̀ljo di nò*]
meinen Sie?	crede? [*krè:de?*]
mein Name ist ...	mi chiamo ... [*mì ki-à:mo*]
nein	no [*nò*]
nein, danke	no grazie [*nò gràtssi-e*]
nie	mai [*mà:i*]
niemand	nessuno [*nessù:no*]
oder etwa anderes?	o qualcosa d'altro? [*ò kualkò:sa dàltro?*]
rauchen Sie?	Lei fuma? [*lä̀:i fù:ma?*]
schade	peccato [*pekkà:to*]
schon besser	già meglio [*dschà mä̀ljo*]
sehr gut, danke	benissimo, grazie [*benìssimo, gràtssi-e*]
sicherlich	certamente [*tschärtamènte*]
Sie haben recht	ha ragione [*à radschò:ne*]
Sie haben unrecht	Lei ha torto [*lä̀:i à tòrto*]
sind Sie sicher?	è sicuro? [*ä̀ sikù:ro?*]
sprechen Sie deutsch?	parla tedesco? [*pàrla tedèsko?*]
stell dir vor	figurati che [*figù:rati kè*]
unmöglich	impossibile [*impossì:bile*]
vielleicht	forse [*fòrsse*]
viel Verspätung	molto ritardo [*mòlto ritàrdo*]
wann	quando [*kuàndo?*]
wann fährt der Zug ab?	quando parte il treno? [*kuàndo pàrte ìl trä̀:no?*]
warum?	perché? [*perkè?*]
warum nicht?	perché no? [*perkè nò?*]
was?	che cosa? [*kè‿kò:sa?*]
was darf ich Ihnen anbieten?	che cosa Le posso offrire? [*kekò:sa lè pòsso offrì:re?*]
was für ein?	quale? [*kuà:le?*]
was gibt's?	che cosa c'è [*kèkò:sa tschä̀?*]
was ist das?	che cos'è? [*kèkosä̀?*]
was ist passiert?	che cos'è successo? [*kèkosä̀ ssutschä̀sso?*]
was soll das heißen?	che cosa significa? [*kèkò:sa sinjìfika?*]
was suchen Sie?	che cosa cerca? [*kèkò:sa tschèrka?*]
was wünschen Sie?	che cosa desidera/vuole? [*kèkò:sa desì:dera/wu-ò:le?*]
wem?	a chi? [*à kì?*]
wen?	chi [*kì?*]
wen wünschen Sie?	chi desidera? [*kì desì:dera?*]
wer?	chi [*kì?*]
wer kann mir helfen?	chi può aiutarmi? [*kì pu-ò a-iutàrmi?*]
wie?	come? [*kò:me?*]
wie bitte?	scusi? [*sskù:si?*]
wie geht es Ihnen?	come sta? [*kò:me stà?*]
wie lange braucht man nach ...?	quanto ci vuole per ...? [*kuànto tschi vu-ò:le pèr ...?*]
wie spät ist es?	che ore sono? [*kè ò:re ssò:no?*]
wieviel?	quanto? [*kuànto?*]
wieviel kostet das?	quanto costa? [*kuànto kòsta?*]
wie viele?	quanti? [*kuànti?*]

wo?	dove? [*dò:we?*]
wo ist …?	dov'è? [*dowä?*]
wo kann ich?	dove posso? [*dò:we pòsso?*]
wo wohnen Sie?	dove abita? [*dò:we àbita?*]
woher kommen Sie?	da dove viene? [*dà dò:we wi-è:ne?*]
wohin?	dove? [*dò:we?*]
wohin führt diese Straße?	dove porta questa strada? [*dò:we pòrta kuèsta strà:da?*]
wohin gehen Sie?	dove va? [*dò:we wà?*]
wofür?	per che cosa? [*pèr kèkò:sa?*]
womit?	con che cosa? [*kòn kèkò:sa?*]
zu Fuß gehen	andare a piedi [*andà:re à pi-è:di*]
zurechtkommen	arrivare in tempo [*arriwà:re in tämpo*]
zu zweit/dritt	in due/tre [*ìn dù:e/trä*]

ZU BESUCH

> Sind Sie eingeladen, können Sie den mitgebrachten Blumenstrauß ohne weiteres verpackt überreichen. Es sollten aber weder große noch kleine Chrysanthemen sein. Konfekt ist immer angebracht.

Besuch	visita [*wì:sita*]
Blumen	fiori [*fi-ò:ri*]
Blumenstrauß	mazzo di fiori [*màtsso dì fi-ò:ri*]
Dame	signora [*ssinjò:ra*]
darf ich Sie zum Mittagessen einladen?	posso invitarla a pranzo? [*pòsso inwitàrla à pràntsso?*]
darf ich Sie zum Abendessen einladen?	posso invitarla a cena? [*pòsso inwitàrla à tschè:na?*]
eine Einladung ablehnen	rifiutare un invito [*rifi-utà:re ùn inwìto*] [*rifi-utà:re ùn inwì:to*]
eine Einladung annehmen	accettare un invito [*attschettà:re ùn inwì:to*]
einen Gast aufnehmen	ospitare [*ospità:re*]
Eßzimmer	sala da pranzo [*ssà:la dà pràntsso*]
Freund	amico [*amì:ko*]
Freundin	amica [*amì:ka*]
Freundschaft	amicizia [*amitschì:tssi-a*]
Gast	ospite [*òspite*]
Gastfreundschaft	ospitalità [*ospitalità*]
Gastgeber	padrone di casa [*padrò:ne di kà:sa*]
Gastgeberin	padrona di casa [*padrò:na dì kà:sa*]
Gastgeschenk	dono [*dò:no*]
gern mögen	gradire [*gradì:re*]
Gespräch	conversazione [*konwärssatssi-ò:ne*]
Gruß	saluto [*ssalù:to*]
grüßen	salutare [*ssalutà:re*]
Haus, Heim	casa [*kà:sa*]
Herr	signore [*ssinjò:re*]

herzlich willkommen!	benvenuto/benvenuti! [*benwenù:to/ti*]
Platz nehmen	accomodarsi [*akkomodàrssi*]
pünktlich sein	essere puntuale [*ässere puntu-à:le*]
sich vorstellen	presentarsi [*pressentàrssi*]
vorgestellt werden	essere presentato [*ässere pressentà:to*]
Vorstellung	presentazione [*pressentatssi-ò:ne*]
Wohnzimmer	soggiorno [*ssoddschòrno*]
Zimmer	camera [*kà:mera*]
zu Besuch sein	essere ospite [*ässere òspite*]
zu spät kommen	essere in ritardo [*ässere ìn ritàrdo*]
zuvorkommend sein	essere premuroso [*ässere premurò:so*]

BEGRÜSSUNG

guten Abend	buona sera [*bu-ò:na ssè:ra*]
guten Morgen	buon giorno [*bu-òn dschòrno*]
guten Tag	buon giorno [*bu-òn dschòrno*]
hallo!	salve [*sàlwe*] / ciao [*tschà-o*]
hallo	pronto [*prònto*] [Telephon]
herzlich willkommen	benvenuto/benvenuti [*benwenù:to/ti*]
liebe Anna!	cara Anna, [*kà:ra ànna*]
lieber Frank!	caro Franco, [*kà:ro frànko*]
meine lieben Freunde!	miei cari amici! [*mi-ä-i kà:ri amì:tschi*]
sehr geehrte Frau A.!	gentile signora, [*dschentì:le ssinjò:ra*]
sehr geehrter Herr B.!	egregio signore, [*egrèdscho ssinjò:re*]
sehr geehrte Herren!	egregi signori, [*egrèdschi ssinjò:ri*]
Es freut mich, Sie zu sehen	Mi fa piacere vederLa [*mì fà pi-atschè:re wedèrla*]
ganz meinerseits	il piacere è tutto mio [*ìl pi-atschè:re ä tùtto mì:o*]
Entschuldigen Sie bitte die Verspätung	La prego di voler scusare il ritardo [*là prè:go dì wolèr sskusà:re ìl ritàrdo*]
Was darf ich Ihnen anbieten?	Cosa posso offrirle? [*kò:sa pòsso offrìrle?*]
danke nichts	niente, grazie [*ni-ènte gràtssi-e*]
eine Tasse Kaffee, bitte	un caffè, grazie [*ùn kaffè, gràttssi-e*]
eine Tasse Tee	una tazza di tè [*ù:na tàtssa dì tè*]
eine Limo	una bibita [*ù:na bì:bita*]
Wie geht es dir?	Come stai? [*kò:me stà-i?*]
Wie geht es Ihnen?	Come sta? [*kò:me stà?*]
es könnte besser gehen	potrebbe andare meglio [*potrèbbe andà:re màljo*]
ganz leidlich	non c'è male [*nòn tschä mà:le*]; benino [*benì:no*]
gut, danke	bene grazie [*bè:ne gràtssi-e*]
sehr gut, danke	ottimamente, grazie [*ottimamènte, gràtssi-e*]
und Ihnen?	e lei? [*e là:i?*]
Wollen Sie zum Mittagessen bleiben?	Vuole rimanere a pranzo? [*wu-òle rimanè:re à pràntsso?*]
Wollen Sie zum Abendessen bleiben?	Vuole rimanere a cena? [*wu-òle rimanè:re à tschè:na?*]

sehr gern	molto volentieri [*mòlto wolenti-è:ri*]
ein andermal gern; heute habe ich etwas Dringendes zu erledigen	un'altra volta; oggi ho un impegno [*ùn'àltra wòlta; òdschi ò ùn impènjo*]

VORSTELLUNG

Darf ich Ihnen Frau/Herrn X? vorstellen?	Posso presentarLe la signora/il signor X? [*pòsso pressentàrle là ssinjò:ra/ìl ssinjòr X*]
Darf ich Ihnen meine Frau vorstellen?	Posso presentarLe mia moglie? [*pòsso pressentàrle mì:a mòlje?*]
Darf ich Ihnen meinen Freund vorstellen?	Posso presentarLe il mio amico? [*pòsso pressentàrle ìl mì:o amì:ko?*]
Darf ich Dir meine Freundin vorstellen?	Posso presentarti la mia amica? [*pòsso pressentàrti là mì:a amì:ka?*]
Darf ich Ihnen meinen Mann vorstellen?	Posso presentarLe mio marito? [*pòsso pressentàrle mì:o marì:to?*]
Darf ich mich vorstellen?	Permette che mi presenti? [*permètte kè mì pressènti?*]
Sehr angenehm	Piacere [*pi-atschè:re*]
Es freut mich, Sie kennenzulernen	Sono lieto di conoscerLa [*ssò:no li-è:to dì konò:scherla*]

GLÜCKWÜNSCHE

Alles Gute!	tanti auguri [*tànti a-ugù:ri*]
Alles Gute zum Geburtstag!	buon compleanno [*bu-òn komple-ànno*]
Alles gute zum Neuen Jahr!	felice anno nuovo [*felì:tsche ànno nu-ò:wo*]
Frohe Ostern!	buona Pasqua [*bu-ò:na pàsskua*]
Frohe Weihnachten!	buon Natale [*bu-òn natà:le*]
Gute Reise!	buon viaggio [*bu-òn wi-àddscho*]
Gute Unterhaltung!	buon divertimento [*bu-òn diwertimènto*]
Herzlichen Glückwunsch	tanti auguri [*tànti a-ugù:ri*]
Schöne Ferien!	buone vacanze [*bu-ò:ne wakàntsse*]
Viel Erfolg!	in bocca al lupo [*ìn bòkka allù:po*]
Viel Vergnügen!	buon divertimento [*bu-òn diwertimènto*]
Viel Glück!	buona fortuna [*bu-ò:na fortù:na*]

BEILEIDSBEKUNDIGUNGEN

Es tut mir sehr leid	mi dispiace tanto [*mì dispi-à:tsche tànto*]
Mein herzliches Beileid	le mie più sentite condoglianze [*le mì:e pi-ù sentì:te condoljàntsse*]

VERABSCHIEDUNG

Auf Wiedersehen	arrivederci [*arriwedèrtschi*]
bis später	a presto [*à prä̀sto*]
bis morgen	a domani [*à domà:ni*]
Darf ich dich begleiten?	posso accompagnarti? [*pòsso akkompanjàrti?*]
Darf ich Sie begleiten?	posso accompagnarLa? [*pòsso akkompanjàrla?*]
Das freut mich, gern	Con piacere [*kòn pi-atschè:re*]
Es hat mir gut gefallen	Mi è piaciuto molto [*mì ä̀ pi-atschù:to mòlto*]
Es war sehr schön, danke	È stato molto bello, grazie [*ä̀ stà:to mòlto bèllo, gràtssi-e*]
Gute Nacht	buona notte [*bu-ò:na nòtte*]
Gute Reise	buon viaggio [*bu-òn wi-àddscho*]
Hoffentlich sehen wir uns bald wieder	Speriamo di rivederci presto [*speri-à:mo dì riwedèrtschi prä̀sto*]
Ich bedanke mich für die Einladung	Grazie dell'invito [*gràtssi-e dellinwì:to*]
Ich bedanke mich für Ihr Kommen	grazie di essere venuto [*gràtssi-e dì ä̀ssere wenù:to*]
Komm gut nach Hause	Arrivederci a presto [*arriwedèrtschi à prä̀sto*]
Leider muß ich mich jetzt verabschieden	Purtroppo devo andare [*purtròppo dè:wo andà:re*]
Nächstes Mal treffen wir uns bei mir daheim	La prossima volta ci vediamo a casa mia [*là pròssima wòlta tschì wedi-à:mo à kà:sa mì-a*]
Nächstes Mal bin ich dran	la prossima volta tocca a me [*là pròssima wòlta tòkka à mè*]
Tschüß	ciao [*tschà-o*]
Wann können wir uns wiedersehen?	quando possiamo rivederci? [*kuàndo possi-à:mo riwedèrtschi?*]
ich hoffe, bald	spero presto [*spè:ro prä̀sto*]
Leider bin ich längere Zeit abwesend	purtroppo sarò assente per un certo periodo [*purtròppo ssarò assènte pèr ùn tschä̀rto perì:odo*]

III ZAHLEN, MASSE UND GEWICHTE

ZAHLEN

KARDINALZAHLEN

0 zero [*dsä:ro*]
1 uno [*ù:no*]
2 due [*dù:e*]
3 tre [*trä*]
4 quattro [*kuàttro*]
5 cinque [*tschìnkue*]
6 sei [*ssä-i*]
7 sette [*ssätte*]
8 otto [*òtto*]
9 nove [*nò:we*]
10 dieci [*di-è:tschi*]
11 undici [*ùnditschi*]
12 dodici [*dòditschi*]
13 tredici [*trè:ditschi*]
14 quattordici [*kuattòrditschi*]
15 quindici [*kuìnditschi*]
16 sedici [*ssèditschi*]
17 diciassette [*ditschiasätte*]
18 diciotto [*ditschòtto*]
19 diciannove [*ditschiannò:ve*]
20 venti [*wänti*]
21 ventuno [*wäntù:no*]
22 ventidue [*wäntidù:e*]
23 ventitré [*wäntiträ*]
29 ventinove [*wäntinò:we*]
30 trenta [*tränta*]
31 trentuno [*träntù:no*]
32 trentadue [*träntadù:e*]
40 quaranta [*kuarànta*]
50 cinquanta [*tschinkuànta*]
60 sessanta [*ssessànta*]
70 settanta [*ssettànta*]
80 ottanta [*ottànta*]
90 novanta [*nowànta*]
100 cento [*tschènto*]
101 centouno [*tschentoù:no*]
102 centodue [*tschentodù:e*]
200 duecento [*du-etschènto*]
300 trecento [*trätschènto*]
400 quattrocento [*kuattrotschènto*]
500 cinquecento [*tschinkuetschènto*]
600 seicento [*ssäitschènto*]
700 settecento [*ssättetschènto*]

800	ottocento [*ottotschènto*]
900	novecento [*nowetschènto*]
1000	mille [*mìlle*]
2000	duemila [*du-emì:la*]
3000	tremila [*trämì:la*]
10000	diecimila [*di-etschimì:la*]
100000	centomila [*tschentomì:la*]
1000000	un milione [*ùn mili-ò:ne*]
1000000000	un miliardo [*ùn mili-àrdo*]

ORDINALZAHLEN

1.	primo [*prì:mo*]
2.	secondo [*ssekòndo*]
3.	terzo [*tärtsso*]
4.	quarto [*kuàrto*]
5.	quinto [*kuìnto*]
6.	sesto [*ssästo*]
7.	settimo [*ssättimo*]
8.	ottavo [*ottà:wo*]
9.	nono [*nò:no*]
10.	decimo [*dè:tschimo*]
11.	undicesimo [*unditschè:ssimo*]
12.	dodicesimo [*doditschè:ssimo*]
13.	tredicesimo [*treditschè:ssimo*]
20.	ventesimo [*wäntè:ssimo*]
100.	centesimo [*tschentè:ssimo*]
1000.	millesimo [*millè:ssimo*]

MASSE UND GEWICHTE

Die Längen-, Flächen- und Hohlmaße entsprechen im wesentlichen den deutschen Abkürzungen:

1 mm	un millimetro [*ùn millìmetro*]	1 Millimeter
1 cm	un centimetro [*ùn tschentì:metro*]	1 Zentimeter
1 dm	un decimetro [*ùn detschì:metro*]	1 Dezimeter
1 m	un metro [*ùn mè:tro*]	1 Meter
1 km	un chilometro [*ùn kilò:metro*]	1 Kilometer
1 mq	un metro quadrato [*ùn mè:tro kuadrà:to*]	1 Quadratmeter
1 mc	un metro cubo [*ùn mè:tro kù:bo*]	1 Kubikmeter
1 kmq	un chilometro quadrato [*ùn kilò:metro kuadrà:to*]	1 Quadratkilometer
1 cl	un centilitro [*ùn tschentì:litro*]	1 Zentiliter
1/4 l	un quarto di litro [*ùn kuàrto di lì:tro*]	1 Viertelliter
1/2 l	mezzo litro [*mädso lì:tro*]	1 halber Liter
1 l	un litro [*ùn lì:tro*]	1 Liter
1 g	un grammo [*ùn gràmmo*]	1 Gramm
100 g	un etto [*ùn ätto*]	100 g; 10 Dekagramm
500 g	mezzo kilo [*mädso kì:lo*]	1 Pfund

100 kg	un quintale [*ùn kuintà:le*]	1 Doppelzentner
1 t	una tonnellata [*ù:na tonnellà:ta*]	1 Tonne
1 m.	un miglio marino [*ùn mìljo marì:no*]	1 Seemeile

MENGENANGABEN

1 Dose	1 lattina [*ù:na lattì:na*]
1 Dutzend	1 dozzina [*ù:na dodsì:na*]
1 Flasche	1 bottiglia [*ù:na bottìlja*]
1 Glas	1 bicchiere [*ùn bikki-è:re*]
1 paar	un paio [*ùn pà-io*]; alcuni [*alkù:ni*]
1 Paar	1 paio [*ùn pà-io*]
1 Paket	1 pacchetto [*ùn pakkètto*]
1 Schachtel	1 scatola [*ù:na skà:tola*]
1 Stück	1 pezzo [*ùn pàtsso*]
1 Tube	1 tubetto [*ùn tubètto*]
1 Tüte	1 sacchetto [*ùn ssakkètto*]
etwa 10	1 decina [*ù:na detschì:na*]

IV SCHILDER UND AUFSCHRIFTEN

affittasi [*affittassi*]	zu vermieten
ai binari [*à-i binà:ri*]	zu den Bahnsteigen
alta tensione [*àlta tänssi-ò:ne*]	Hochspannung
aperto dalle ... alle ... [*apärto dàlle ... àlle*]	Geöffnet von ... bis ...
arrivi [*arrì:wi*]	Ankünfte
ascensore [*aschenssò:re*]	Fahrstuhl
attenti al cane [*attènti àl kà:ne*]	Achtung, bissiger Hund
attenzione [*attentssi-ò:ne*]	Achtung, Vorsicht
camere [*kà:mere*]	Zimmer
campeggio [*kampèddscho*]	Campingplatz
cassa [*kàssa*]	Kasse
chiudere la porta [*ki-ù:dere là pòrta*]	Türe schließen
chiuso [*ki-ù:so*]	geschlossen
chiuso per ferie [*ki-ù:so pèr färi-e*]	wegen Ferien geschlossen
chiuso per riposo settimanale [*ki-ù:so pèr ripò:sso ssettimanà:le*]	wegen Ruhetag geschlossen
completo [*komplä:to*]	besetzt
divieto [*diwi-è:to*]	Verbot
divieto di affissione [*diwi-è:to dì affissi-ò:ne*]	Plakatanschlagen verboten
divieto di balneazione [*diwi-è:to dì balne-attsiò:ne*]	Badeverbot
entrare senza bussare [*äntrà:re ssèntssa bussà:re*]	Eintreten ohne zu klopfen
entrata [*äntrà:ta*]	Eingang
esaurito [*esa-urì:to*]	ausverkauft
fermata [*fermà:ta*]	Haltestelle
fermata a richiesta [*fermà:ta à riki-ässta*]	Haltestelle nach Bedarf
fragile [*frà:dschile*]	zerbrechlich
fumatori [*fumatò:ri*]	Raucher
fuori servizio [*fu-ò:ri sserwìtssi-o*]	außer Betrieb
informazioni [*informatssi-ò:ni*]	Auskunft
ingresso [*ingrässo*]	Eingang, Eintritt
ingresso libero [*ingrässo lì:bero*]	Eintritt frei
in vendita [*ìn wèndita*]	zu verkaufen
lasciare libero [*laschà:re lì:bero*]	frei lassen
libero [*lì:bero*]	frei
liquidazione [*likuidatssiò:ne*]	Ausverkauf
non aprire [*nòn aprì:re*]	nicht öffnen
non disturbare [*nòn disturbà:re*]	nicht stören
non fumatori [*nòn fumatò:ri*]	Nichtraucher
occupato [*okkupà:to*]	besetzt

partenza [*partäntssa*]	Abfahrt, Abflug, Abreise
passaggio vietato [*passàddscho wi-età:to*]	Durchgang verboten
passo carrabile [*pàsso karràbile*]	Ausfahrt freihalten]
pericolo [*perì:kolo*]	Gefahr
pericolo d'incendio [*perì:kolo dintschändi-o*]	Feuergefahr
pericolo di morte [*perì:kolo di mòrte*]	Lebensgefahr
pericolo di valanghe [*perì:kolo di walànge*]	Lawinengefahr
pista chiusa [*pìsta ki-ù:sa*]	Piste geschlossen
polizia [*politssì:a*]	Polizei
posteggio [*postèddscho*]	Parkplatz
posteggio custodito [*postèddscho kustodì:to*]	bewachter Parkplatz
posteggio incustodito [*postèddscho inkustodì:to*]	unbewachter Parkplatz
posteggio taxi [*postèddscho tàksi*]	Taxistand
premere [*prè:mere*]	drücken
primo piano [*prì:mo pi-à:no*]	erster Stock
proprietà privata [*propri-età priwà:ta*]	Privatbesitz
saldi [*ssàldi*]	Saisonschlußverkauf
scala mobile [*skà:la mòbile*]	Rolltreppe
sciopero [*schò:pero*]	Streik
secondo piano [*sekòndo pi-à:no*]	zweiter Stock
servizio compreso [*sserwìtssi-o komprè:so*]	Bedienung inbegriffen
signore [*ssinjò:re*]	Damen
signori [*sinjò:ri*]	Herren
si prega di non fumare [*ssì prè:ga dì nòn fumà:re*]	Rauchen verboten
si prega di non toccare [*ssì prè:ga dì nòn tokkà:re*]	nicht anfassen
spingere [*spìndschere*]	drücken, schieben
strada privata [*strà:da priwà:ta*]	Privatweg
suonare per favore [*ssu-onà:re pèr fawò:re*]	bitte klingeln
svendita [*sswèndita*]	Ausverkauf
tirare [*tirà:re*]	ziehen
uscita [*uschì:ta*]	Ausgang
uscita di emergenza [*uschì:ta dì emerdschäntssa*]	Notausgang
uscita di sicurezza [*uschì:ta di ssikurètssa*]	Notausgang
uso esterno [*ù:so estärno*]	nicht einnehmen; nur äußerlich anwenden
veleno [*welè:no*]	Gift; giftig
vendesi [*vèndessi*]	zu verkaufen
vernice fresca [*wernì:tsche frèska*]	frisch gestrichen
vietato [*wi-età:to*]	verboten
vietato fumare [*wi-età:to fumà:re*]	Rauchen verboten

vietato l'ingresso [*wi-età:to lingràsso*]	Eintritt verboten
vietato l'ingresso ai non addetti ai lavori [*wi-età:to lingràsso à-i nòn addètti à-i lawò:ri*]	Unbefugten ist der Zutritt verboten
vietato parlare al conducente [*wi-età:to parlà:re àl kondutschànte*]	nicht mit dem Fahrer sprechen

V ZEITANGABEN UND WETTER

ZEITANGABEN

Das Jahrzehnt	il decennio [*ìl detschènni-o*]
Das Jahrhundert	il secolo [*ìl ssè:kolo*]
Das Jahrtausend	il millennio [*ìl millänni-o*]
Das Schaltjahr	l'anno bisestile [*lànno bissästì:le*]

DAS JAHR UND SEINE JAHRESZEITEN

Jahr	anno [*ànno*]
Jahreszeit	stagione [*stadschò:ne*]
Frühjahr	primavera [*primawè:ra*]
Sommer	estate [*està:te*]
Herbst	autunno [*a-utùnno*]
Winter	inverno [*inwärno*]
Hochsaison	alta stagione [*àlta stadschò:ne*]
Nachsaison/Vorsaison	bassa stagione [*bàssa stadschò:ne*]
Sommersaison	stagione estiva [*stadschò:ne estì:wa*]
Wintersaison	stagione invernale [*stadschò:ne inwärnà:le*]
Quartal	trimestre [*trimästre*]
Semester	semestre [*ssemästre*]

DIE MONATE

14 Tage	quindici giorni [*kuìnditschi dschòrni*]
Monat	mese [*mè:se*]
Januar	gennaio [*dschennà-io*]
Februar	febbraio [*febbrà-io*]
März	marzo [*màrtsso*]
April	aprile [*aprì:le*]
Mai	maggio [*màdscho*]
Juni	giugno [*dschùnjo*]
Juli	luglio [*lùljo*]
August	agosto [*agòssto*]
September	settembre [*ssettämbre*]
Oktober	ottobre [*ottòbre*]
November	novembre [*nowämbre*]
Dezember	dicembre [*ditschämbre*]

DIE WOCHENTAGE

Tag	giorno [*dschòrno*]
Woche	settimana [*ssettimà:na*]
Montag	lunedì [*lunedì*]

Dienstag	martedì [*martedì*]
Mittwoch	mercoledì [*merkoledì*]
Donnerstag	giovedì [*dschowedì*]
Freitag	venerdì [*wenerdì*]
Samstag	sabato [*ssà:bato*]
Sonntag	domenica [*domè:nika*]
Werktag	giorno feriale [*dschòrno feri-à:le*]

DIE TAGESZEITEN

Morgen	mattino [*mattì:no*]
Vormittag	mattinata [*mattinà:ta*]
Mittag	mezzogiorno [*mädsodschòrno*]
Nachmittag	pomeriggio [*pomerìddscho*]
Abend	sera [*ssè:ra*]
Nacht	notte [*nòtte*]
gestern	ieri [*i-è:ri*]
vorgestern	ieri l'altro [*i-è:ri làltro*]
heute	oggi [*òddschi*]
heute mittag	oggi a mezzogiorno [*òddschi à mädsodschòrno*]
heute nachmittag	oggi pomeriggio [*òddschi pomerìddscho*]
heute abend	stasera [*stassè:ra*]
heute nacht	stanotte [*stanòtte*]
morgen	domani [*domà:ni*]
morgen früh	domani mattina [*domà:ni mattì:na*]
übermorgen	dopodomani [*dopodomà:ni*]
vorigen Monat	il mese scorso [*ìl mè:se sskòrsso*]
nächste Woche	prossima settimana [*pròssima ssettimà:na*]

DIE ITALIENISCHEN FEIERTAGE

Neujahr	Capodanno [*kapodànno*]
Dreikönig	La Befana [*là befà:na*]
Ostern	Pasqua [*pàsskua*]
Ostermontag	Lunedì dell'Angelo [*lunedì dellàndschelo*]
Erster Mai	festa del lavoro [*fästa dellawò:ro*]
Nationalfeiertag	festa nazionale [*fästa natssi-onà:le*]
Mariä Himmelfahrt	ferragosto [*ferragòssto*]
Allerheiligen	Ognissanti [*onjissànti*]
Unbefleckte Empfängnis	L'Immacolata Concezione [*limmakolà:ta kontschetssi-ò:ne*]
Weihnachten	Natale [*natà:le*]
26 Dezember	Santo Stefano [*ssànto stè:fano*]

Die Italiener konzentrieren - trotz der langen Schulferien im Sommer - ihre Ferien immer noch fast ausschließlich auf die ersten drei Wochen im August. Die Großstädte sind fast menschenleer, die Ferienorte überfüllt und zumeist den Anforderungen nicht gewachsen.

DAS ALTER

Wie alt bist du?	Quanti anni hai? [*kuànti ànni à-i?*]
Wie alt sind Sie?	Quanti anni ha? [*kuànti ànni à?*]
Ich bin dreißig	Ho trent'anni [*ò träntànni*]
Wann bist du geboren?	Quando sei nato? [*kuàndo ssä̀:i nà:to?*]
Wann sind Sie geboren?	Quando è nato? [*kuàndo ä nà:to?*]
1960	Nel '60 [*nèl ssessànta*]
minderjährig	minorenne [*minorä̀nne*]
volljährig	maggiorenne [*madschorä̀nne*]
Unter 14/18 verboten	Vietato ai minori di anni 14/18 [*wi-età:to à:i minò:ri dì ànni kuattòrditschi/ditschòtto*]

DAS DATUM

Mit Ausnahme des Ersten des Monats werden im Italienischen bei Datumsangaben immer die Kardinalzahlen verwendet:

Mailand, den 24.10.1990	Milano, 24-10-1990 [*Milà:no, wentikuàttro di-è:tschi millenowetschèntonowànta*]
Rom, am 1. Mai	Roma, 1° maggio [*rò:ma, prì:mo màdscho*]
Der wievielte ist heute?	Quanti ne abbiamo oggi? [*kuànti nè abbi-à:mo òdschi?*]
Den ersten Mai	il primo maggio [*ìl prì:mo màdscho*]
Den neunundzwanzigsten	il ventinove [*ìl wäntinò:we*]
Vom 15. bis zum 30. Juni	dal 15 al 30 giugno [*dal kuìnditschi àl trä̀nta dschù:njo*]
Das Geburtsdatum	data di nascita [*dà:ta dì nà:schita*]

Wie spät ist es?	Che ore sono? [*kè ò:re ssò:no?*]
Es ist ein Uhr	È l'una [*ä lù:na*]
Es ist drei Uhr	Sono le tre [*ssò:no lè trä*]
Es ist Viertel nach drei	Sono le tre e un quarto [*ssò:no le trä e ùn kuàrto*]
Es ist halb vier	Sono le tre e mezza [*ssò:no le trä̀ e mä̀dsa*]
Es ist Viertel vor vier	Sono le quattro meno un quarto [*ssò:no le kuàttro mè:no ùn kuàrto*]
Um 13.27 Uhr	alle 13.27 h [*àlle trèditschi e wäntissä̀tte*]

Um zwölf Uhr mittags	a mezzogiorno [*à mädsodschòrno*]
Um Mitternacht	a mezzanotte [*à mädsanòtte*]
Von zehn bis zwölf Uhr	dalle dieci alle dodici [*dàlle di-è:tschi àlle dò:ditschi*]
zwischen 14 und 16 Uhr	tra le 14 e le 16 [*trà le kuattòrditschi e le ssèditschi*]

DAS WETTER

blasen	soffiare [*ssoffi-à:re*]
Blitz	fulmine [*fùlmine*]
Brise	brezza [*brètssa*]
Donner	tuono [*tu-ò:no*]
Dunst	foschia [*foskì:a*]
dunstig	nebbioso [*nebbi-ò:so*]
Eis	ghiaccio [*gi-àtscho*]
eisig	gelido [*dschè:lido*]
feucht	umido [*ù:mido*]
frieren	gelare [*dschelà:re*]
Frost	gelo [*dschè:lo*]
frostig	freddissimo [*freddìssimo*]
gefroren	ghiacciato [*gi-attschà:to*]
Gewitter	temporale [*tämporà:le*]
Hagel	grandine [*gràndine*]
heiter	sereno [*sserè:no*]
heiß	molto caldo [*mòlto kàldo*]
Himmel	cielo [*tschè:lo*]
Hitze	gran caldo [*gràn kàldo*]
Hochdruck	alta pressione [*àlta pressi-ò:ne*]
kalt	freddo [*frèddo*]
klar	chiaro [*ki-à:ro*]; sereno [*sserè:no*]
Klima	clima [*klì:ma*]
Landregen	pioggia continua [*pi-òddscha kontì:nu-a*]
lau	mite [*mì:te*]; tiepido [*ti-è:pido*]
mild	mite [*mì:te*]
Mond	luna [*lù:na*]
Nebel	nebbia [*nèbbi-a*]
nebelig	nebbioso [*nèbbi-oso*]
Regen	pioggia [*pi-òddscha*]
regnerisch	piovoso [*pi-owò:so*]
Reif	brina [*brì:na*]
scheinen	splendere [*splàndere*]
Schnee	neve [*nè:we*]
schneien	nevicare [*newikà:re*]
schwül	afoso [*afò:so*]
Sonne	sole [*ssò:le*]
Stern	stella [*stèlla*]
Sturm	tempesta [*tempàsta*]

Sturmflut	mareggiata [*mareddschà:ta*]
stürmisch	burrascoso [*burraskò:so*]
Tauwetter	disgelo [*disdschè:lo*]
Temperatur	temperatura [*temperatù:ra*]
Tiefdruck	bassa pressione [*bàssa pressi-ò:ne*]
trocken	asciutto [*aschùtto*]; secco [*sèkko*]
warm	caldo [*kàldo*]
Wetter	tempo [*tèmpo*]
Wettervorhersage	previsioni del tempo [*prewisi-ò:ni dèl tèmpo*]
Wind	vento [*wänto*]
Wolke	nuvola [*nù:wola*]
wolkig	nuvoloso [*nuwolò:so*]

Wie ist das Wetter?	Che tempo fa? [*kè tèmpo fà?*]
Es ist schön.	È una bella giornata [*ä ù:na bèlla dschornà:ta*]
Es ist warm/kalt.	Fa caldo/freddo [*fà kàldo/frèddo*]
Es ist windig.	Tira il vento [*tì:ra ìl wänto*]
Was sagt die Wettervorhersage?	Come sono le previsioni? [*kò:me ssò:no le prewisi-ò:ni?*]
Es wird regnen/schneien.	Pioverà [*pi-owerà*]/nevicherà [*newikerà*]
Welche Temperaturwerte haben wir?	Quanti gradi ci sono? [*kuànti grà:di tschì ssò:no?*]
25 Grad Wärme	Più venticinque [*pi-ù wäntitschìnkue*]
2 Grad minus (unter Null)	Meno due [*mè:no dù:e*]
Das Klima ist mild/rauh.	Il clima è mite/rigido [*il klì:ma ä mì:te/rìdschido*]
Das Klima ist trocken/feucht	Il clima è secco/umido [*il klì:ma ä sèkko/ù:mido*]
Wird es einen Wetterumschwung geben?	Il tempo cambierà? [*ìl tèmpo kambi-erà?*]
Das Wetter ist beständig/unbeständig	Il tempo è stabile/variabile [*il tèmpo ä stà:bile/wari-à:bile*]

VI AUF DER REISE

AN DER GRENZE

abgelaufen	scaduto [*sskadùto*]
Aktenmappe	cartella [*kartèlla*]
Augenfarbe	colore degli occhi [*kolò:re dèlji òkki*]
Ausfuhrzoll	dogana d'esportazione [*dogà:na desportatssi-ò:ne*]
Beruf	professione [*professi-ò:ne*]
Brille	occhiali [*okki-à:li*]
Einfuhrzoll	dogana d'importazione [*dogà:na dimportatssi-ò:ne*]
Empfangsbestätigung	ricevuta [*ritschewù:ta*]
erklären	dichiarare [*diki-arà:re*]
erneuern	rinnovare [*rinnowà:re*]
Familienname	cognome [*konjò:me*]
Familienstand	stato di famiglia [*stà:to di famìlja*]
ledig	celibe [*tschè:libe*] [Mann] nubile [*nù:bile*] [Frau]
geschieden	divorziato [*diwortssi-à:to*]
verheiratet	coniugato [*kon-iu-gà:to*]
verwitwet	vedovo/a [*wè:dowo/wè:dowa*]
Formular	modulo [*mò:dulo*]
Führerschein	patente [*patènte*]
Geburtsort	luogo di nascita [*lu-ò:go di nàschita*]
Gepäck	bagaglio [*bagàljo*]
Grenze	confine [*konfì:ne*]
grüne Versicherungskarte	carta verde [*kàrta wèrde*]
gültig	valido [*wà:lido*]
Haarfarbe	colore dei capelli [*kolò:re de-i kapèlli*]
Handtasche	borsetta [*borssètta*]
Impfschein	certificato di vaccinazione [*tschertifikà:to dì watschinatssi-ò:ne*]
Koffer	valigia [*walì:dscha*]
Kontrolle	ispezione [*ispetssi-ò:ne*]
kontrollieren	controllare [*kontrollà:re*]
Mädchenname	cognome da nubile [*konjò:me dà nù:bile*]
Papiere	effetti personali [*effàtti perssonà:li*]
Paßkontrolle	controllo passaporti [*kontròllo passapòrti*]
Personalausweis	carta d'identità [*kàrta didentità*]
Reisepaß	passaporto [*passapòrto*]
Sammelpaß	passaporto collettivo [*passapòrto kollettì:wo*]
Schmuggel	contrabbando [*kontrabbàndo*]
Staatsangehörigkeit	cittadinanza [*tschittadinàntssa*]
Tasche	borsa [*bòrssa*]

unterschreiben	firmare [*firmà:re*]
Unterschrift	firma [*fìrma*]
verzollen	sdoganare [*ssdoganà:re*]
Visum	visto [*wìsto*]
Vordruck	prestampato [*prestampà:to*]
Wagenpapiere	documenti della macchina [*dokumènti dèlla màkkina*]
Währung	valuta [*walù:ta*]
wohnhaft in	domiciliato a [*domitschili-à:to à*]
zahlen	pagare [*pagà:re*]
Zoll	dogana [*dogà:na*]
Zollbeamte	doganiere [*dogani-è:re*]
zollfrei	esente da dogana [*esènte dà dogà:na*]
Zollkontrolle	ispezione doganale [*ispetssi-ò:ne doganà:le*]
zollpflichtig	soggetto a dogana [*soddschàtto à dogà:na*]
Zollstelle	ufficio doganale [*uffì:tscho doganà:le*]

DIE ZOLLKONTROLLE

Haben Sie etwas zu verzollen?	Ha qualcosa da dichiarare: [*à kuàlcò:sa dà diki-arà:re?*]
Ich habe nichts zu verzollen	Non ho nulla da dichiarare [*nòn ò nùlla dà diki-arà:re*]
Ihre Papiere bitte	I Suoi documenti per favore [*i ssu-ò:i dokumènti pèr fawò:re*]
Hier ist der Paß und der Kinderausweis	Ecco il passaporto e il documento di espatrio per il bambino [*àkko il passapòrto e ìl dokumènto di espà:tri-o pèr ìl bambì:no*]
Das ist mein Gepäck	Questo è il mio bagaglio [*kuèsto à ìl mì:o bagàljo*]
Hier ist ein Karton Wein	Questo è un cartone di vino [*kuèsto à ùn kartò:ne dì wì:no*]
Muß ich dafür etwas zahlen?	Devo pagare qualcosa? [*dè:wo pagà:re kualkò:sa?*]
Sie dürfen ... Flaschen zollfrei einführen	Può importare ... bottiglie in franchigia doganale [*pu-ò importà:re ... bottìlje ìn frankì:dscha doganà:le*]
Muß ich den Vordruck ausfüllen?	Devo compilare il modulo? [*dè:wo kompilà:re ìl mò:dulo?*]
Wieviel Geld haben Sie bei sich?	Quanta valuta possiede? [*kuànta walù:ta possi-è:de?*]
Ich gehöre zur Reisegruppe X.	Faccio parte della comitiva X. [*fàttscho pàrte dèlla komitì:wa X.*]
Öffnen Sie bitte den Koffer	Apra la valigia per favore [*à:pra là walì:dscha pèr fawò:re*]
Sie können weiterfahren; gute Reise	Può proseguire; buon viaggio [*pu-ò prossegu-ì:re, bu-òn wi-àddscho*]

MIT DEM FLUGZEUG

Abflug	partenza [*partàntssa*]; decollo [*dekòllo*]
Ankunft	arrivo [*arrì:wo*]
Anschlußflug	coincidenza [*ko-intschidèntssa*]
Ausgang	uscita [*uschì:ta*]
bestätigen	confermare [*konfermà:re*]
Bestimmungsort	destinazione [*destinatssi-ò:ne*]
buchen	prenotare [*prenotà:re*]
Crew	equipaggio [*ekuipàddscho*]
fliegen	volare [*wolà:re*]
Flug	volo [*wò:lo*]
Fluggast	passeggero [*passeddschè:ro*]
Fluggesellschaft	compagnia aerea [*kompanjì:a a-ère-a*]
Flughafen	aeroporto [*a-eropòrto*]
Flughafengebühr	tassa aeroportuale [*tàssa a-eroportu-à:le*]
Flugkarte	biglietto aereo [*biljètto a-ère-o*]
Fluglotse	controllore di volo [*kontrollò:re di wò:lo*]
Flugplan	orario dei voli [*orà:ri-o dè:i wò:li*]
Flugsicherung	controllo del traffico aereo [*kontròllo dèl tràffiko a-ère-o*]
Flugzeit	tempo di volo [*tàmpo di wò:lo*]; durata del volo [*durà:ta dèl wò:lo*]
Flugzeug	aereo [*a-ère-o*]
Flugzeugentführung	dirottamento [*dirottamènto*]
Gewitter	temporale [*temporà:le*]
Handgepäck	bagaglio a mano [*bagàljo à mà:no*]
Höhe	altitudine [*altitù:dine*]
Hubschrauber	elicottero [*elikòttero*]
Klimaanlage	aria condizionata [*àri-a konditssi-onà:ta*]
Koffer	valigia [*walì:dscha*]
Kofferkuli	carrello portabagagli [*karrèllo portabagàlji*]
landen	atterrare [*atterrà:re*]
Linienflug	volo di linea [*wò:lo di lì:ne-a*]
Luftfracht	aerotrasporto [*a-erotraspòrto*]
Luftloch	vuoto d'aria [*wu-ò:to dàri-a*]
Luftpost	per via aerea [*pèr wì:a a-ère-a*]
Nebel	nebbia [*nèbbia*]
Pilot	pilota [*pilò:ta*]
Übergewicht (an Gepäck)	bagaglio in eccedenza [*bagàljo in ettschedàntssa*]
Wetter	tempo [*tàmpo*]
Zwischenlandung	scalo [*skà:lo*]

Ich möchte für Sonnabend einen Flug nach X. buchen	Vorrei prenotare un volo per sabato per X. [*worrà:i prenotà:re ùn wò:lo pèr ssàbato pèr X.*]
Hat der Flug nach X. Verspätung?	È in ritardo il volo per X.? [*à in ritàrdo il wò:lo pèr X.?*]
Wo ist der Wartesaal?	Dov'è la sala d'aspetto? [*dowà la ssà:la daspètto?*]

Ist der Flug nach X. annulliert worden?	È stato cancellato il volo per X.? [*ä stà:to kantschellà:to il wò:lo pèr X.?*]
Wie hoch fliegen wir?	A che quota voliamo? [*à kè kuò:ta woli-à:mo?*]
Ich vermisse meinen Koffer	Manca la mia valigia [*mànka la mì:a walì:dscha*]
Wo kann ich den Verlust melden?	Dove posso denunciare lo smarrimento? [*dò:we pòsso denuntschà:re lo ssmarrimènto?*]
Hinterlassen Sie bitte im Hotel X. eine Nachricht	Lasci un messaggio all'albergo X. [*là:schi un messàddscho allalbärgo X.*]
Ist der Flughafen geschlossen?	È chiuso l'aeroporto? [*ä ki-ù:so la-eropòrto?*]
Ist der Flughafen offen?	L'aeroporto è aperto? [*la-eropòrto ä apèrto?*]

MIT DEM AUTO

Italien hat im allgemeinen ein gut ausgebautes Straßennetz. Die Autobahnen sind gebührenpflichtig. Bei der Einfahrt löst man eine Kontrollkarte und bezahlt dann aufgrund der zurückgelegten Kilometer bei der Ausfahrt. Notrufsäulen gibt es längs der Autobahnen in einem Abstand von zwei Kilometern. Die Notrufnummer des Italienischen Automobilclubs ist 116. Vergessen Sie nicht, das rote Warndreieck aufzustellen. Erkundigen Sie sich an der Grenze über die Geschwindigkeitsbegrenzungen. Aus Sicherheitsgründen ist es angebracht, den Wagen nicht frei zu parken. Nehmen Sie immer alle Wertgegenstände aus dem Wagen, wenn er nicht in einer Garage steht.

Das Auto/der Wagen	Automobile [*a-utomò:bile*]
Abblendlicht	luce anabbagliante [*lù:tsche anabbaljànte*]
Ablegefach	vano portaoggetti [*wà:no porta-òddschätti*]
abgeschliffen	spianato [*spi-anà:to*]
abschleppen	rimorchiare [*rimorki-à:re*]
Abschleppdienst	servizio carro attrezzi [*sserwìtssi-o kàrro attrètssi*]
Achse	assale [*assà:le*]
Ampel	semaforo [*ssemà:foro*]
anfahren	[streifen] urtare [*urtà:re*] / [Fußgä:nger] investire [*inwestì:re*]
Anhänger	rimorchio [*rimòrki-o*]
Anlage, elektrische	impianto elettrico [*impi-ànto elättriko*]
anlassen	avviare [*awwi-à:re*]
Anlasser	motorino d'avviamento [*motorì:no dawwi-amènto*]

Anzeigentafel	quadro segnalazioni [*kuàdro senjalatssi-ò:ni*]
anziehen (Schraube)	avvitare [*awwità:re*]
Auffahrunfall	tamponamento [*tamponamènto*]
Aufhängung	sospensione [*ssospenssi-ò:ne*]
aufladen	caricare [*karikà:re*]
ausbauen	smontare [*ssmontà:re*]
Auspuffrohr	marmitta [*marmìtta*]
auswechseln	cambiare [*kambi-à:re*]; sostituire [*ssostitu-ì:re*]
Autobahn	autostrada [*a-utostrà:da*]
automatische Kupplung	frizione automatica [*fritssi-ò:ne a-utomà:tika*]
automatisches Getriebe	cambio automatico [*kàmbi-o a-utomà:tiko*]
Autoradio	autoradio [*a-utorà:di-o*]
Band	nastro [*nàstro*]
Batterie	batteria [*batterì:a*]
Belag	guarnizione [*gu-arnitssi-ò:ne*]
Benzin	benzina [*bentssì:na*]
Benzinpumpe	pompa della benzina [*pòmpa dèlla bentssì:na*]
Benzintank	serbatoio [*sserbatò-io*]
beschleunigen	accelerare [*attschelerà:re*]
Blinker	lampeggiatore [*lampeddschatò:re*]
Bremse	freno [*frè:no*]
bremsen	frenare [*frenà:re*]
Bremseinrichtung	gruppo frenante [*grùppo frenànte*]
Bremslicht	luce di arresto [*lù:tsche di arrästo*]
Bremspedal	pedale del freno [*pedà:le del frè:no*]
Bremsscheibe	disco [del freno] [*dìsko del frè:no*]
Bremsspur	traccia della frenata [*tràttscha dèlla frenà:ta*]
Brücke	ponte [*pònte*]
Defekt	guasto [*gu-àsto*]; avaria [*awarì:a*]
Dichtring	anello tenuta [*anèllo tenù:ta*]
Dichtung	guarnizione [*gu-arnitssi-ò:ne*]
Diebstahlsicherung	antifurto [*antifùrto*]
Dieselöl	gasolio [*gasòlio*]
Differentialgetriebe	differenziale [*differentssi-à:le*]
Distanzscheibe	piastrina [*pi-astrì:na*]
Drehzahlmesser	contagiri [*kontadschì:ri*]
Druckschalter	pulsante [*pulssànte*]
Düse	iniettore [*ini-ättò:re*]; polverizzatore [*polweridsatò:re*]
Einbahn	senso unico [*ssänso ù:niko*]
Einspritzpumpe	pompa iniezione [*pòmpa ini-ätssi:ò:ne*]
Ersatzrad	ruota di scorta [*ru-ò:ta di skòrta*]
Erste Hilfe	pronto soccorso [*prònto sokkòrsso*]
Fahrer	guidatore [*gu-idatò:re*]
Fahrrad	bicicletta [*bitschiklätta*]
Fahrzeug	veicolo [*we-ìkolo*]

Fahrzeugrampe	rampa per veicoli [*ràmpa pèr we-ìkoli*]
Feder	molla [*mòlla*]
Feile	lima [*lì:ma*]
Felge	cerchione [*tscherki-ò:ne*]
Fernlastzug	autotreno [*a-utotrè:no*]
Fernlicht	luce abbagliante [*lù:tsche abbaljànte*]
Fett	grasso [*gràsso*]
Feuerlöscher	estintore [*estintò:re*]
Filter	filtro [*fìltro*]
Frontalzusammenstoß	scontro frontale [*skòntro frontà:le*]
Frostschutzmittel	antigelo [*antidschè:lo*]
Führerschein	patente di guida [*patènte di gu-ì:da*]
Fußbremse	freno a pedale [*frè:no à pedà:le*]
Fußgängerzone	zona pedonale [*dsò:na pedonà:le*]
Gabel	forcella [*fortschèlla*]
Gang	marcia [*màrtscha*]
Gaspedal	acceleratore [*attscheleratò:re*]
Gefahr	pericolo [*perì:kolo*]
Gefrierschutzmittel	antigelo [*antidschè:lo*]
Gepäckträger	portabagagli [*portabagàlji*]
Geschwindigkeit	velocità [*welotschità*]
Geschwindigkeitsbegrenzung	limite di velocità [*lì:mite di welotschità*]
Glühbirne	lampadina [*lampadì:na*]
Hammer	martello [*martèllo*]; martelletto [*martellètto*]
Handbremse	freno a mano [*frè:no à mà:no*]
Hebel	leva [*lè:wa*]
hintere Leuchte	fanale posteriore [*fanà:le posteri-ò:re*]
Hubraum	cilindrata [*tschilindrà:ta*]
Hupe	avvisatore [*awwisatò:re*]; clacson [*klàksson*]
Isolierband	nastro isolante [*nàstro isolànte*]
Isolierscheibe	rosetta isolante [*rosètta isolànte*]
Kardanwelle	albero di trasmissione [*àlbero dì trasmissi-ò:ne*]
Karosserie	carrozzeria [*karrottsserì:a*]
Katzenauge	catarifrangente [*katarinfrandschènte*]
Keilriemen	cinghia del ventilatore [*tschìngia del wentilatò:re*]
Kerze	candela [*kandè:la*]
Kette	catena [*katè:na*]
Kfz-Brief	libretto di circolazione [*librètto di tschirkolatssi-ò:ne*]
Kfz-Mechaniker	meccanico per automobili [*mekkà:niko pèr a-utomò:bili*]
Kilometerzähler	contachilometri [*kontakilò:metri*]
Klimaanlage	condizionatore [*konditssi-onatò:re*]
Kolben	pistone [*pistò:ne*]
Kolbenring	fasce elastiche [*fàsche elàstike*]
Kombi	familiare [*famili-à:re*]
Kondensator	condensatore [*kondenssatò:re*]
Kontakt	contatto [*kontàtto*]
Kotflügel	parafango [*parafàngo*]

Kraftstoff	benzina [*bendsì:na*]
Kraftstoffölmischung	miscela [*mischè:la*]
Krankenwagen	ambulanza [*ambulàntssa*]
Kühler	radiatore [*radi-atò:re*]
Kupplung	frizione [*fritssi-ò:ne*]
Kupplungsbelag	anello della frizione [*anàllo dèlla fritssi-ò:ne*]
Kurbel	manovella [*manowàlla*]
Kurbelwelle	albero a gomiti [*àlbero à gòmiti*]
Kurzschluß	corto circuito [*kòrto tschirkù:ito*]
Lager	cuscinetto [*kuschinètto*]
Lampe	lampada [*làmpada*]
Lampenfassung	portalampada [*portalàmpada*]
langsamer fahren	rallentare [*rallentà:re*]
Leerlauf	folle [*fòlle*]
Leerlaufeinstellung	regolazione del minimo [*regolatssi-ò:ne dèl mìnimo*]
Leitung	cavo [*kà:wo*]
lenken	guidare [*gu-idà:re*]
Lenkrad	volante [*wolànte*]
Lichtmaschine	dinamo [*dìnamo*]
Lieferwagen	furgone [*furgò:ne*]
LKW	camion [*kàmi-on*]
lockern	allentare [*allentà:re*]
Luft	aria [*à:ri-a*]
Luftfilter	filtro dell'aria [*fìltro dellà:ri-a*]
Luftschlauch	camera d'aria [*kàmera dà:ri-a*]
Magnet	magnete [*manjè:te*]
Massekabel	cavo massa [*kà:wo màssa*]
Meßstab	asta livello [*àsta liwèllo*]
Mietwagen	macchina a noleggio [*màkkina à nolèddscho*]
Mofa	motorino [*motorì:no*]
Motor	motore [*motò:re*]
Motorhaube	cofano [*kòfano*]
Motorrad	moto [*mò:to*]
Nebelscheinwerfer	faro antinebbia [*fà:ro antinèbbia*]
Nummernschild	targa [*tàrga*]
Öl	olio [*ò:li-o*]
Ölfilter	filtro dell'olio [*fìltro dellò:li-o*]
Ölwanne	coppa dell'olio [*kòppa dellò:li-o*]
Öse	occhione [*okki-ò:ne*]; foro [*fò:ro*]
parken	parcheggiare [*parkeddschà:re*]
Parkplatz	parcheggio [*parkèddscho*]
Parkuhr	disco orario [*dìsko orà:ri-o*]
Pedal	pedale [*pedà:le*]
Pleuelstange	biella [*bi-àlla*]
Pumpe	pompa [*pòmpa*]
Rad	ruota [*ru-ò:ta*]
Radkappe	coppa copriruota [*kòppa kopriru-ò:ta*]
Regler	regolatore [*regolatò:re*]
Reifen	pneumatico [*pne-umà:tiko*]
Reparatur	riparazione [*riparatssi-ò:ne*]

Reparaturwerkstätte	officina [*offitschì:na*]
Reserve (in R. sein)	essere in riserva [*àssere ìn rissèrwa*]
Reserverad	ruota di scorta [*ru-ò:ta di skòrta*]
Rückfahrleuchte	fanale di retromarcia [*fanà:le dì retromàrtscha*]
Rückgang	retromarcia [*retromàrtscha*]
Rücklicht	luce di posizione posteriore [*lù:tsche di positssi-ò:ne posteri-ò:re*]
Rückspiegel	specchietto retrovisore [*spekki-ètto retrowisò:re*]
Rückstrahler	catarifrangente [*katarifrandschènte*]
Sackgasse	strada senza uscita [*strà:da ssèntssa uschì:ta*]
Schaden	guasto [*gu-àsto*]; danno [*dànno*]
schalten [Gang]	cambiare [*kambi-à:re*]
Schalter	commutatore [*kommutatò:re*]
Schalthebel	leva del cambio [*lè:wa dèl kàmbi-o*]
Scharnier	cerniera [*tscherni-è:ra*]
Scheibe	disco [*dìsko*]
Scheibe [Glas]	vetro [*wè:tro*]
Scheibenwischer	tergicristallo [*terdschikristàllo*]
Scheinwerfer	faro [*fà:ro*]
Schlauch	tubo [*tù:bo*]
Schloß	serratura [*sserratù:ra*]; chiusura [*ki-ussù:ra*]
Schlüssel	chiave [*ki-à:we*]
schmieren	lubrificare [*lubrifikà:re*]
Schraubdeckel [Tank]	tappo [*tàppo*]
Schraubenzieher	cacciavite [*kattschawì:te*]
Schutzmann	vigile [*wì:dschile*]
Schwenkfenster	deflettore [*deflettò:re*]
seitlich	lateralmente [*lateralmènte*]
Servolenkung	servosterzo [*sserwostärtsso*]
Sicherheitsgurt	cintura di sicurezza [*tschintù:ra dì ssikurèttssa*]
Sicherung	fusibile [*fusì:bile*]
Sitz	sedile [*ssedì:le*]
Spiegel	specchio [*späkki-o*]
Standanzeiger	indicatore di livello [*indikatò:re dì liwèllo*]
Steckdose	presa di corrente [*prè:sa di korränte*]
Steigung	salita [*ssalì:ta*]
Steuerrad	volante [*wolànte*]
Steuerventil	elettrovalvola [*elettrowàlwola*]
Stiftschraube	prigioniero [*pridschoni-è:ro*]
Stirnwand	cruscotto [*krusskòtto*]
Stoßdämpfer	ammortizzatore [*ammortidsatò:re*]
Stoßstange	paraurti [*pà:ra-ùrti*]
Tank	serbatoio [*sserbatò-i-o*]
Tankstelle	distributore [*distributò:re*]
Temperaturregler	regolatore della temperatura [*regolatò:re dèlla temperatù:ra*]
Trichter	imbuto [*imbù:to*]
Tür	portiera [*porti-è:ra*]
überfahren (Person)	investire [*inwestì:re*]

überholen (Auto)	sorpassare [*ssorpassà:re*]
überholen (Motor)	revisionare [*rewisi-onà:re*]
Übertragung	trasmissione [*trassmissi-ò:ne*]
Uhr	orologio [*orolòdscho*]
Umfahrungsstraße	circonvallazione [*tschirkonwallatssi-ò:ne*]
Umleitung	deviazione [*dewi-atssi-ò:ne*]
Ventil	valvola [*wàlwola*]
Verbot	divieto [*diwi-è:to*]
Verbrauch	consumo [*konssù:mo*]
Vergaser	carburatore [*karburatò:re*]
Verkehr	traffico [*tràffiko*]
verlangsamen	rallentare [*rallentà:re*]
Verteiler	distributore [*distributò:re*]
volltanken	fare il pieno [*fà:re il pi-è:no*]
Vorderleuchte	fanale anteriore [*fanà:le anteri-ò:re*]
Vorfahrt	precedenza [*pretschedèntssa*]
Wagen	macchina [*màkkina*]
Wagenheber	cric [*krìk*]
Warndreieck	triangolo [*tri-àngolo*]
Waschanlage	lavaggio [*lawàddscho*]
waschen	lavare [*lawà:re*]
Wasserkühlung	raffreddamento ad acqua [*raffreddamènto ad àkkua*]
Werkstätte	officina [*offitschì:na*]
Widerstand	resistenza [*ressistèntssa*]
Windschutzscheibe	parabrezza [*parabrèdsa*]
Winker	freccia [*frèttscha*]
Zahnrad	ingranaggio [*ingranàddscho*]
Zebrastreifen	strisce pedonali [*strì:sche pedonà:li*]
Zubehör	accessorio [*attschessò:ri-o*]
Zulassung	immatricolazione [*immatrikolatssi-ò:ne*]
Zündkerze	candela [*kandè:la*]
Zündspule	bobina [*bobì:na*]
Zündung	accensione [*attschenssi-ò:ne*]
Zündverteiler	spinterogeno [*spinterò:dscheno*]
Zylinder	cilindro [*tschilìndro*]
Zylinderkopf	testata [*testà:ta*]
Zylinderkopfdichtung	guarnizione della testata [*gu-arnitssi-ò:ne dèlla testà:ta*]

Wo ist ...?	Dov'è? [*dowä?*]
Wie kommt man nach X.?	Come si arriva a X.? [*kò:me ssi arrì:wa à X.?*]
Wie kommt man zur Autobahneinfahrt?	Come si arriva all'ingresso dell'autostrada? [*kò:me ssi arrì:wa allingrässo della-utostrà:da?*]
Ist dies die Straße nach X.?	È questa la strada per X.? [*ä kuèsta la strà:da pèr X.?*]
Wie viele Kilometer sind es noch nach X.?	Quanti chilometri dista X.? [*kuànti kilòmetri dìsta X.?*]
Fahren Sie immer geradeaus	Vada sempre diritto [*wà:da ssèmpre dirìtto*]

die erste Straße rechts/links	La prima a destra/sinistra [*là prì:ma à dästra/ssinìstra*]
An der ersten Ampel links	Al primo semaforo a sinistra [*àl prì:mo ssemà:foro à ssinìstra*]
Nach der Kreuzung die zweite rechts	Dopo l'incrocio la seconda a destra [*dò:po linkrò:tscho là ssekònda à dästra*]
Können Sie mir bitte den Weg auf der Karte zeigen?	Può indicarmi la strada da fare sulla cartina, per favore [*pu-ò indikàrmi là strà:da dà fà:re ssùlla kartì:na, pèr fawò:re*]
Wo ist hier in der Nähe ein bewachter Parkplatz?	Dov'è un parcheggio custodito qui vicino? [*dowä un parkèddscho kustodì:to kuì witschì:no?*]
Wie lange kann ich hier parken und wieviel kostet es?	Quanto tempo posso parcheggiare qui e quanto costa? [*kuànto tèmpo pòsso parkeddschà:re kuì e kuànto kòsta?*]

AN DER TANKSTELLE

> In Italien sind Benzin und Dieselöl sehr teuer. Dem Touristen wird aber die Möglichkeit geboten, beim italienischen staatlichen Fremdenverkehrsamt ENIT zu verbilligtem Preis Benzingutscheine zu erwerben. Erkundigen sie sich jedenfalls bei Ihrem Automobilclub.

Wo ist die nächste Tankstelle, bitte?	Dov'è il distributore più vicino, per favore? [*dowä il distributò:re pi-ù witschì:no pèr fawò:re?*]
Volltanken, bitte	Il pieno, per favore [*ìl pi-è:no, pèr fawò:re*]
dreißig Liter	Trenta litri [*trä:nta lì:tri*]
Können Sie bitte das Öl kontrollieren?	Può controllare l'olio per favore? [*pu-ò kontrollà:re lòli-o pèr fawò:re?*]
Ich glaube, es fehlt ein halber Liter, füllen Sie bitte nach	Credo che manchi mezzo litro, lo aggiunga per favore [*krè:do kè mànki mädso lì:tro; lo adschùnga, pèr fawò:re*]
Bitte kontrollieren Sie auch die Bremsflüssigkeit	Controlli per favore anche il liquido per i freni [*kontròlli pèr fawò:re ànke ìl lìkuido pèr i frè:ni*]
Einen Ölwechsel bitte	Mi cambi l'olio per favore [*mi kàmbi lò:li-o pèr fawò:re*]
Ich benötige Wasser für den Kühler	Ho bisogno di acqua per il radiatore [*ò bisònjo di àkkua pèr il radi-atò:re*]
Bitte putzen Sie mir die Windschutzscheibe	Mi lavi i vetri per favore [*mì là:wi i vè:tri, pèr fawò:re*]
Ich möchte den Wagen waschen und schmieren lassen	Vorrei fare lavare e lubrificare la macchina [*worrä:i fà:re lawà:re e lubrifikà:re la màkkina*]
Können Sie bitte den Reifendruck kontrollieren?	Può controllare la pressione delle gomme, per favore? [*pu-ò kontrollà:re la pressi-ò:ne dèlle gòmme, pèr fawò:re?*]

Können Sie mir einen Stadtplan geben?	Può darmi una piantina della città [*pu-ò dàrmi ù:na pi-antì:na dèlla tschittà?*]

PANNENHILFE/BEIM KFZ-MECHANIKER

Mein Auto ist kaputt. Wo ist hier die nächste Werkstätte?	La mia macchina è guasta. Dov'è l'officina più vicina? [*là mì:a màkkina ä gu-àsta; dowä loffitschì:na pi-ù witschì:na?*]
Können Sie den Abschleppdienst verständigen?	Può chiamare il carro attrezzi? [*pu-ò ki-amà:re il kàrro attrètssi?*]
Können Sie einen Kfz-Mechaniker rufen?	Può chiamare un meccanico? [*pu-ò ki-amà:re un mekkà:niko?*]
Wo ist eine Vertragswerkstätte für ...?	Dov'è un'officina autorizzata per le ...? [*dowä unoffitschì:na a-utoridsà:ta pèr le ...?*]
Bitte schleppen Sie den Wagen ab	Per favore rimorchi la macchina [*pèr fawò:re rimòrki là màkkina*]
Können Sie den Wagen reparieren?	Può riparare l'auto? [*pu-ò riparà:re là-uto?*]
Wie lange brauchen Sie dazu und was kostet es?	Quanto tempo occorre e quanto costerà? [*kuànto tèmpo okkòrre e kuànto kosterà?*]
Die Batterie ist leer. Bitte laden Sie sie auf.	La batteria è scarica. La ricarichi, per favore [*la batterì-a ä skà:rika; là rikà:riki, pèr fawò:re*]
Die Bremsen funktionieren nicht	I freni non funzionano [*i frè:ni nòn funtssi-ò:nano*]
Die Kupplung schleift	La frizione slitta [*là fritssi-ò:ne sslìtta*]
Reinigen Sie bitte die Kerzen	Pulisca le candele, per favore [*pulìska le kandè:le, pèr fawò:re*]
Wechseln Sie die Kerzen aus	Sostituisca le candele [*ssostitu-ìska le kandè:le*]
Der Motor zieht nicht	Il motore non tira [*il motò:re nòn tì:ra*]
Kontrollieren Sie bitte ...	Controlli per favore ... [*kontròlli, pèr fawò:re*]
Verwenden Sie bitte nur Originalersatzteile	Usi per favore solo pezzi di ricambio originali [*ù:si pèr fawò:re ssò:lo pätssi di rikàmbio oridschinà:li*]
Machen Sie nur das Allernötigste	Faccia solo l'indispensabile [*fàttscha ssò:lo lindispenssà:bile*]
Ich benötige eine Rechnung	Ho bisogno della fattura [*ò bisònjo dèlla fattù:ra*]
Wann kann ich den Wagen wieder abholen	Quando posso ritirare la macchina? [*kuàndo pòsso ritirà:re la màkkina?*]

EIN AUTOUNFALL

Ich habe einen Unfall gehabt. Darf ich telefonieren?	Ho avuto un incidente. Posso telefonare? [*ò awù:to un intschidènte; pòsso telefonà:re?*]
Schicken Sie bitte sofort einen Krankenwagen/einen Arzt	Mandi subito un'ambulanza/un medico [*màndi ssùbito unambulàntssa/ùn mädiko*]

Rufen Sie bitte die Polizei	Chiami per favore la polizia [*ki-à:mi pèr fawò:re la politssì-a*]
Zwei Personen sind verletzt	Due persone sono ferite [*dù:e perssò:ne ssò:no ferì:te*]
Ich benötige einen Kfz-Mechaniker	Ho bisogno di un meccanico [*ò bisònjo di ùn mekkà:niko*]
Bitte schleppen Sie das Auto in Ihre Werkstatt ab	Rimorchi la macchina fino alla sua officina, per favore [*rimòrki là màkkina fì:no àlla ssù:-a offitschì:na pèr fawò:re*]
Können Sie mich mitnehmen?	Può darmi un passaggio? [*pu-ò dàrmi un passàddscho?*]
Können Sie mir Ihre Versicherungspapiere und Ihren Führerschein zeigen	Può mostrarmi la Sua assicurazione e la patente? [*pu-ò mostràrmi la ssù:a assikuratssi-ò:ne e la patènte?*]
Bitte geben Sie mir Ihren Namen und Ihre Adresse	Mi dia per favore il Suo nome e l'indirizzo [*mì dì:a pèr fawò:re il ssù:o nò:me e lindirìtsso*]
Hier sind meine Papiere	Ecco i miei documenti [*ä̀kko i mi-ä̀:i dokumènti*]
Ich hatte Vorfahrt; es ist also Ihre Schuld	Avevo la precedenza; è colpa Sua [*awè:wo la pretschedä̀ntssa; ä̀ kòlpa ssù:a*]
Sie sind bei Rot über die Ampel gefahren	È passato con il rosso [*ä̀ passà:to kòn il ròsso*]
Es tut mir leid, ich bin daran schuld	Mi dispiace, è colpa mia [*mi dispià:tsche; ä̀ kòlpa mì:a*]

MIETWAGEN

Ich möchte für drei Tage/eine Woche einen Wagen mieten	Vorrei noleggiare una macchina per tre giorni/una settimana [*worrä̀-i noleddschà:re ù:na màkkina pèr trä̀ dschòrni/ù:na ssettimà:na*]
mit Fahrer/ohne Fahrer	con autista/senza autista [*kòn a-utìsta/ssèntssa a-utìsta*]
Können Sie mir die Bedingungen nennen?	Può dirmi le condizioni? [*pu-ò dìrmi le konditssi-ò:ni?*]
Ist die Vollkasko-Versicherung inbegriffen?	È compresa l'assicurazione integrale? [*ä̀ komprè:sa lassikuratssi-ò:ne integrà:le?*]
Muß ich eine Kaution entrichten?	Devo pagare una cauzione? [*dè:wo pagà:re ù:na ka-utssi-ò:ne?*]
Wo/wann kann ich den Wagen abholen?	Dove/quando posso ritirare la macchina? [*dò:we/kuàndo pòsso ritirà:re la màkkina?*]
Wird jemand hier sein, wenn ich den Wagen spät abends/am Sonntag zurückbringe?	Ci sarà qualcuno quando riporto la macchina in tarda serata/domenica? [*tschi ssarà kualkù:no kuàndo ripòrto la màkkina in tàrda sserà:ta/domè:nika?*]

ITALIENISCHE NUMMERNSCHILDER

AG	Agrigento	**MO**	Modena
AL	Alessandria	**MS**	Massa Carrara
AN	Ancona	**MT**	Matera
AO	Aosta	**NA**	Napoli
AP	Ascoli Piceno	**NO**	Novara
AQ	L'Aquila	**NU**	Nuoro
AR	Arezzo	**OR**	Oristano
AT	Asti	**PA**	Palermo
AV	Avellino	**PC**	Piacenza
BA	Bari	**PD**	Padova
BG	Bergamo	**PE**	Pescara
BL	Belluno	**PG**	Perugia
BN	Benevento	**PI**	Pisa
BO	Bologna	**PN**	Pordenone
BR	Brindisi	**PR**	Parma
BS	Brescia	**PS**	Pesaro
BZ	Bolzano	**PT**	Pistoia
CA	Cagliari	**PV**	Pavia
CB	Campobasso	**PZ**	Potenza
CE	Caserta	**RA**	Ravenna
CH	Chieti	**RC**	Reggio Calabria
CL	Caltanissetta	**RE**	Reggio Emilia
CN	Cuneo	**RI**	Rieti
CO	Como	**RO**	Rovigo
CR	Cremona	**ROMA**	Roma
CS	Cosenza	**SA**	Salerno
CT	Catania	**SI**	Siena
CZ	Catanzaro	**SO**	Sondrio
EN	Enna	**SP**	La Spezia
FE	Ferrara	**SR**	Siracusa
FG	Foggia	**SS**	Sassari
FI	Firenze	**SV**	Savona
FO	Forlì	**TA**	Taranto
FR	Frosinone	**TE**	Teramo
GE	Genova	**TN**	Trento
GO	Gorizia	**TO**	Torino
GR	Grosseto	**TP**	Trapani
IM	Imperia	**TR**	Terni
IS	Isernia	**TS**	Trieste
LE	Lecce	**TV**	Treviso
LI	Livorno	**UD**	Udine
LT	Latina	**VA**	Varese
LU	Lucca	**VC**	Vercelli
MC	Macerata	**VE**	Venezia
ME	Messina	**VI**	Vicenza
MI	Milano	**VR**	Verona
MN	Mantova	**VT**	Viterbo

MIT DER EISENBAHN

abfahren	partire [*partì:re*]
Abfahrt	partenza [*partèntssa*]
Abteil	scompartimento [*skompartimènto*]
ankommen	arrivare [*arriwà:re*]
Ankunft	arrivo [*arrì:wo*]
Anschluß	coincidenza [*ko-intschidèntssa*]
Auskunftsbüro	ufficio informazioni [*uffì:tscho informatssi-ò:ni*]
aussteigen	scendere [*schèndere*]
Bahn	ferrovia [*ferrowì:a*]
Bahnhof	stazione [*statssi-ò:ne*]
Bahnhofspolizei	polizia ferroviaria [*politssì-a ferrowi-à:ri-a*]
Bahnsteig	binario [*binà:ri-o*]; marciapiede [*martschapi-è:de*]
Eilzug	diretto [*diràtto*]; treno diretto [*trè:no diràtto*]
einsteigen	salire [*ssalì:re*]
Ermäßigung	riduzione [*ridutssi-ò:ne*]
Erste-Hilfe-Station	pronto soccorso [*prònto sokkòrsso*]
Fahrgast	passeggero [*passeddschè:ro*]
Fahrkarte	biglietto [*biljètto*]
Fahrkartenschalter	biglietteria [*biljetterì-a*]
Fahrplan	orario [*orà:ri-o*]
Fahrpreis	prezzo del biglietto [*pràtsso dèl biljètto*]
Fahrtrichtung	direzione di marcia [*diretssi-ò:ne di màrtscha*]
Fensterplatz	posto accanto al finestrino [*pòsto akkànto al finestrì:no*]
Fundbüro	ufficio oggetti smarriti [*uffì:tscho oddschàtti smarrì:ti*]
Geleise	binario [*binà:ri-o*]
Gepäck	bagaglio [*bagàljo*]
Gepäckabfertigung	spedizione bagagli [*speditssi-ò:ne bagàlji*]
Gepäckannahme	accettazione bagagli [*atschettatssi-ò:ne bagàlji*]
Gepäckaufbewahrung	deposito bagagli [*depò:sito bagàlji*]
Gepäckaufbewahrungsschein	scontrino del deposito bagagli [*skontrì:no dèl depò:sito bagàlji*]
Gepäckausgabe	consegna del bagaglio [*konssènja dèl bagàljo*]
Gepäcknetz	rete portabagagli [*rè:te portabagàlji*]
Gepäckträger	facchino [*fakkì:no*]
Gültigkeit	validità [*walidità*]
gültig sein	essere valido [*àssere wà:lido*]
Güterzug	treno merci [*trè:no màrtschi*]
Handgepäck	bagaglio a mano [*bagàljo à mà:no*]
Heizung	riscaldamento [*riskaldamènto*]
Hinfahrt	andata [*andà:ta*]
Juniorenpaß	carta verde [*kàrta wèrde*]

Kinderfahrkarte	biglietto ridotto per ragazzi [*biljètto ridòtto pèr ragàtssi*]
Kofferkuli	carrello portabagagli [*karrällo portabagàlji*]
Kurswagen	carrozza diretta [*karròtssa dirätta*]
Liegewagen	carrozza con cuccette [*karròtssa kòn kuttschètte*]
Lokomotive	locomotiva [*lokomotì:wa*]
Lunch-Paket	cestino da viaggio [*tschestì:no dà wi-àddscho*]
Nichtraucherabteil	scompartimento per non fumatori [*skompartimènto pèr nòn fumatò:ri*]
Notbremse	segnale di allarme [*ssenjà:le di allàrme*]
Personenzug	locale [*lokà:le*]; treno locale [*trè:no lokà:le*]
Platzreservierung	prenotazione posti [*prenotatssi-ò:ne pòsti*]
Raucherabteil	scompartimento per fumatori [*skompartimènto pèr fumatò:ri*]
Reisebüro	ufficio viaggi [*uffì:tscho wi-àddschi*]
Reservierung	prenotazione [*prenotatssi-ò:ne*]
Sammelfahrschein	biglietto collettivo [*biljètto kollettì:wo*]
Rückfahrkarte	andata e ritorno [*andà:ta e ritòrno*]
Schalter	sportello [*sportèllo*]
Schlafwagen	vagone letto [*wagò:ne lätto*]
Schließfach	deposito bagagli a cassette [*depò:sito bagàlji à kassètte*]
Schnellzug	espresso [*espràsso*]; treno espresso [*trè:no espràsso*]
Schranke	sbarra [*ssbàrra*]; barriera [*barri-è:ra*]
Seniorenpaß	carta argento [*kàrta ardschènto*]
Sitzplatz	posto a sedere [*pòsto à ssedè:re*]
Speisewagen	vagone ristorante [*wagò:ne ristorànte*]
Stationsvorsteher	capostazione [*kapostatssi-ò:ne*]
Strecke	percorso [*perkòrsso*]
Toilette/WC	ritirata [*ritirà:ta*]; WC [*witschì*]
Tunnel	galleria [*gallerì:a*]
umsteigen	cambiare [*kambi-à:re*]
Unterführung	sottopassaggio [*ssottopassàddscho*]
Wartesaal	sala d'aspetto [*ssà:la daspätto*]
Zugführer	capotreno [*kapotrè:no*]
Zugpersonal	personale viaggiante [*perssonà:le wi-addschànte*]
Zugschaffner	controllore [*kontrollò:re*]
Zuschlag	supplemento [*supplemènto*]
zuschlagpflichtiger Schnellzug	rapido [*ràpido*]; R

Wie komme ich zum Bahnhof?	Come arrivo alla stazione? [*kò:me arrì:wo àlla statssi-ò:ne?*]
Mit der Straßenbahn Nr. 1	Con il tram numero uno [*kòn il tràm numè:ro ù:no*]
Mit der U-Bahn/dem Bus	Con la metropolitana/con l'autobus [*kòn la metropolità:na/kòn la-utobùss*]

Wann fährt der nächste Zug nach L.?	Quando parte il prossimo treno per L.? [*kuàndo pàrte ìl pròssimo trè:no pèr L.?*]
Von welchem Bahnsteig fährt der Zug nach T. ab?	Da quale binario parte il treno per T.? [*dà kuà:le binà:ri-o pàrte il trè:no pèr T.?*]
Auf welchem Bahnsteig kommt der Zug aus G. an?	Su quale binario arriva il treno da G.? [*ssù kuà:le binà:ri-o arrì:wa il trè:no da G.?*]
Hält der Zug in B.?	Il treno si ferma a B.? [*il trè:no ssi fèrma à B.?*]
Hat der Zug aus R. Verspätung?	È in ritardo il treno da R.? [*ä̀ in ritàrdo il trè:no dà R.?*]
Haben wir Anschluß nach M.?	C'è la coincidenza per M.? [*tschä̀ la ko-intschidä̀ntssa pèr M.?*]
Wo müssen wir umsteigen?	Dove dobbiamo cambiare? [*dò:we dobbi-à:mo kambi-à:re?*]
Eine Rückfahrkarte erster Klasse nach B., mit IC-Zuschlag	Una andata e ritorno prima classe per B., con supplemento IC [*ù:na andà:ta e ritòrno prì:ma klàsse pèr B., kòn supplemènto interssìti*]
Ich möchte eine Platzkarte für den Schnellzug nach M.; wenn möglich einen Fensterplatz in einem Nichtraucherabteil	Vorrei prenotare un posto sull'espresso per M.; se possibile accanto al finestrino in uno scompartimento non fumatori [*worrä:i prenotà:re ùn pòsto sullesprä̀sso pèr M.; sè possì:bile akkànto àl finestrì:no in ù:no skompartimènto nòn fumatò:ri*]
Ist dieser Platz frei?	È libero questo posto? [*ä̀ lì:bero kuèsto pòsto?*]
Nein, er ist besetzt	No, è occupato [*nò, ä̀ okkupà:to*]
Erlauben sie, daß ich das Fenster ein wenig öffne?	Permette che apra un po' il finestrino? [*permètte kè à:pra ùn pò il finestrì:no?*]
Kommen wir fahrplanmäßig in B. an?	Arriveremo in orario a B.? [*arriwerè:mo ìn orà:rio a B.?*]
Wie lange hält der Zug hier?	Quanto tempo ferma il treno qui? [*kuànto tèmpo fèrma il trè:no kuì?*]
Fahrgäste nach M. müssen in B. umsteigen	I viaggiatori diretti a M. devono cambiare a B. [*i wi-addschatò:ri dirä̀tti à M. dè:wono kambi-à:re à B.*]
Wo ist die Gepäckaufbewahrung?	Dov'è il deposito bagagli? [*dowä̀ il depò:sito bagàlji?*]
Ich brauche einen Gepäckträger	Ho bisogno di un facchino [*ò bisònjo di ùn fakkì:no*]
Ich möchte einen Fahrplan kaufen	Vorrei comperare un orario ferroviario [*worrä̀:i komperà:re un orà:ri-o ferrowi-àri-o*]

MIT DEM SCHIFF

Abfahrt	partenza [*partèntssa*]
an Bord sein	essere a bordo [*ä̀ssere à bòrdo*]
Anker	ànkora
anlegen	approdare [*approdà:re*]
auf hoher See	in alto mare [*in àlto mà:re*]

Ausflugsprogramm	programma escursionistico [*progràmma esskurssionìstiko*]
Autofähre	autotraghetto [*a-utotragètto*]
Boot	canotto [*kanòtto*]
Bucht	baia [*bà-i-a*]
Bug	prua [*prù:a*]
Bullauge	oblò [*oblò*]
Deck	coperta [*kopèrta*]
Ebbe	bassa marea [*bàssa marè:a*]
einschiffen, sich	imbarcarsi [*imbarkàrssi*]
Fährbetrieb	servizio di traghetto [*sserwìtssi-o di tragètto*]
Fähre	traghetto [*tragètto*]
fischen	pescare [*peskà:re*]
Flagge	bandiera [*bandi-è:ra*]
Flut	alta marea [*àlta marè:a*]
Frachtdampfer	nave da carico [*nà:we dà kà:riko*]
Gangway	passerella [*passerèlla*]
Hafen	porto [*pòrto*]
Hafenkai	banchina di porto [*bankì:na di pòrto*]
Hafenpolizei	polizia di porto [*politssì:a di pòrto*]
Heck	poppa [*pòppa*]
Insel	isola [*ì:sola*]
Kabine	cabina [*kabì:na*]
Kapitän	capitano [*kapità:no*]
Kiel	carena [*karè:na*]
Kielwasser	scia [*schì:a*]
Knoten	nodo [*nò:do*]
Koje	cuccetta [*kutschètta*]
Kurs	rotta [*ròtta*]
Küste	costa [*kòsta*]
Laderaum	stiva [*stì:wa*]
landen	sbarcare [*ssbarkà:re*]
Leuchtturm	faro [*fà:ro*]
Meer	mare [*mà:re*]
Adria Meer	mare Adriatico [*mà:re adri-à:tiko*]
Jonisches Meer	mar Ionio [*màr i-òni-o*]
Ligurisches Meer	mar Ligure [*màr lìgure*]
Mittelmeer	mar Mediterraneo [*màr mediterrà:ne-o*]
Thyirrenisches Meer	mar Tirreno [*màr Tirrè:no*]
Motorboot	barca a motore [*bàrka à motò:re*]
Motorfischkutter	motopeschereccio [*motopeskerèttscho*]
Ozean	oceano [*otschè:ano*]
Passagierdampfer	nave passeggeri [*nà:we passeddschè:ri*]
Rettungsring	salvagente [*ssalwadschènte*]
Ruderboot	barca a remi [*bàrka à rè:mi*]
Rumpf	scafo [*skà:fo*]
Schiff	battello [*battèllo*]; nave [*nà:we*]
schleppen	rimorchiare [*rimorki-à:re*]
Schlepper	rimorchiatore [*rimorki-atò:re*]
seekrank sein	soffrire di mal di mare [*soffrì:re di màl di mà:re*]
Seemann	marinaio [*marinà-i-o*]

Segel	vela [*wè:la*]
Segelboot	barca a vela [*bàrka à wè:la*]
Steuer	timone [*timò:ne*]
stürmische See	mare in burrasca [*mà:re in burràska*]
Tiefe	profondità [*profondità*]
Überfahrt	traversata [*trawersà:ta*]
Überseedampfer	transatlantico [*transsatlàntiko*]
Vergnügungsreise zur See; Kreuzfahrt	crociera [*krotschè:ra*]
Welle	onda [*ònda*]

Wann fährt die Fähre nach M. ab?	Quando parte il traghetto per M.? [*kuàndo pàrte il tragètto pèr M.?*]
Wie viele Fahrten gibt es täglich?	Quanti viaggi giornalieri vengono effettuati? [*kuànti wi-àddschi dschornali-è:ri wèngono effettu-à:ti?*]
Wie lange dauert die Überfahrt?	Quanto tempo dura la traversata? [*kuànto tèmpo dù:ra là trawerssà:ta?*]
Wann müssen wir an Bord sein?	Quando dobbiamo essere a bordo? [*kuàndo dobbi-à:mo ässere à bòrdo?*]
Kann man auch in F. an Bord gehen?	Ci si può imbarcare anche a F.? [*tschi si pu-ò imbarkà:re ànke à F.?*]
Kann man in V. an Land gehen?	Si può sbarcare a V.? [*ssi pu-ò ssbarkà:re à V.?*]
Zwei Fahrscheine nach L. bitte, für morgen um 8.00 Uhr, und einen für das Auto	Due biglietti per L., per domani alle otto, ed uno per la macchina, per favore. [*dù:e biljètti pèr L. pèr domà:ni àlle òtto edù:no pèr la màkkina pèr fawò:re*]

MIT DEM LINIENBUS

Autobahnhof	stazione autocorriere [*statssi-ò:ne a-utokorri-è:re*]
Abfahrt	partenza [*partäntssa*]
Ankunft	arrivo [*arrì:wo*]
Endstation	capolinea [*kapolì:ne-a*]
Fahrer	autista [*a-utìsta*]
Fahrkarte	biglietto [*biljètto*]
Linienbus	pullman [*pùllman*]; corriera [*korri-è:ra*]
Richtung	direzione [*diretssi-ò:ne*]
Schaffner	bigliettaio [*biljettà-i-o*]

Wo ist bitte der Autobahnhof?	Dov'è la stazione delle autocorriere, per favore? [*dowä là statssi-ò:ne dèlle a-utokorri-è:re, pèr fawò:re?*]
Wo hält der Bus nach X.?	Dove si ferma l'autobus per X.? [*dò:we si fèrma la-utobùss per X.?*]
Wann fährt der erste/letzte Bus nach X.?	Quando parte la prima/l'ultima corriera per X.? [*kuàndo pàrte là prì:ma/lùltima korri-è:ra pèr X.?*]

Wohin fährt dieser Bus?	Dove va questo pullman? [*dò:we wà kuèsto pùllman?*]
Fährt ein Bus nach X.?	C'è un pullman per X.? [*tschä ùn pùllman pèr X.?*]
Wann kommt der Bus in X. an?	Quando arriva a X. la corriera? [*kuàndo arrì:wa à X. là korri-è:ra?*]
Muß ich umsteigen?	Devo cambiare? [*dè:wo kambi-à:re?*]
Wo muß ich umsteigen?	Dove devo cambiare? [*dò:we dè:wo kambi-à:re?*]

MIT DEN ÖFFENTLICHEN VERKEHRSMITTELN

In vielen Städten können die Fahrscheine nicht in den öffentlichen Verkehrsmitteln selbst gelöst werden. Besorgen Sie sich die Scheine am Zeitungskiosk oder in einer "Bar-Tabaccheria". In Bahnhofshallen stehen manchmal auch Automaten.

Bahnhof	stazione [*statssi-ò:ne*]
Bus	autobus [*a-utobùss*]
Fahrschein/Fahrkarte	biglietto [*biljètto*]
Haltestelle	fermata [*fermà:ta*]
Haltestelle nach Bedarf	fermata a richiesta [*fermà:ta à riki-ästa*]
O-Bus	filobus [*filobùss*]
öffentliches Verkehrsmittel	mezzo pubblico [*mädso pùbbliko*]
Straßenbahn	tram [*tràm*]
Taxi	taxi [*tàkssi*]; tassì [*tassì*]
Taxistand	posteggio dei tassì [*postèddscho dè:i tassì*]
U-Bahn	metropolitana [*metropolità:na*]

Mit welchem öffentlichen Verkehrsmittel kann man zum Bahnhof fahren?	Con quale mezzo pubblico si può andare in stazione? [*kòn kuà:le mädso pùbbliko ssi pu-ò andà:re in statssi-ò:ne?*]
Wie viele Haltestellen sind es noch bis zum Museum?	Quante fermate ci sono ancora da qui al museo? [*kuànte fermà:te tschi ssò:no ankò:ra dà kuì àl musä-o?*]
Wo muß ich aussteigen/umsteigen?	Dove devo scendere/cambiare? [*dò:we dè:wo schèndere/kambi-à:re?*]
Wo ist die nächste U-Bahn-Station der Linie 1?	Dov'è la stazione metropolitana più vicina della linea uno? [*dowä la statssi-ò:ne metropolità:na pi-ù witschì:na dèlla lìne-a ù:no?*]
Welche Linie muß ich nach X. nehmen?	che linea devo prendere per X.? [*kè lìne-a dè:wo prèndere pèr X.?*]
Wo ist hier ein Taxistand?	Dov'è un posteggio dei tassì qui vicino? [*dowä un postèddscho dè:i tassì kuì witschì:no*]

VII BÜROS UND ÄMTER

IN DER BANK

Abheben	prelevare [*prelewà:re*]
Abwertung	svalutazione [*swalutatssi-ò:ne*]
Akkreditiv	lettera di credito [*lèttera di krè:dito*]
Aktie	azione [*atssi-ò:ne*]
Aufwertung	rivalutazione [*riwalutatssi-ò:ne*]
außer Kurs	fuori corso [*fu-ò:ri kòrsso*]
Bank	banca [*bànka*]
Bankgeschäft	operazione bancaria [*operatssi-ò:ne bankà:ri-a*]
Banknote	banconota [*bankonò:ta*]
Bankscheck	assegno bancario [*assènjo bankà:ri-o*]
Bankspesen	spese bancarie [*spè:se bankà:ri-e*]
bar	in contanti [*ìn kontànti*]
Bargeld	denaro contante [*denà:ro kontànte*]
Betrag	importo [*impòrto*]
Börse	borsa [*bòrssa*]
Empfangsbestätigung	ricevuta [*ritschewù:ta*]
einzahlen	versare [*werssà:re*]
Einzahlung	versamento [*werssamènto*]
gedeckt	coperto [*kopàrto*]
Geldwechsel	cambio [*kàmbi-o*]
Girokonto	conto corrente [*kònto korrànte*]
Girozahlung	bonifico con addebito in conto corrente [*bonì:fiko kòn addè:bito in kònto korrànte*]
Kreditkarte	carta di credito [*kàrta di krè:dito*]
Kurs	cambio [*kàmbi-o*]
Namensscheck	assegno non trasferibile [*assènjo nòn trassferì:bile*]
nicht übertragbar	non trasferibile [*nòn trassferì:bile*]
Prozentsatz	percentuale [*pertschentu-à:le*]
Rechnung	fattura [*fattù:ra*]; conto [*kònto*]
Scheck	assegno [*assènjo*]
Scheckbuch	libretto degli assegni [*librètto dèlji assènji*]
Schließfach	cassetta di sicurezza [*kassètta dì ssikurètssa*]
Sichtwechsel	cambiale a vista [*kambi-à:le à wìsta*]
Sparbuch	libretto di risparmio [*librètto di rispàrmi-o*]
Tag- und Nachttresor	cassa continua [*kàssa kontì:nu-a*]
Tratte	tratta [*tràtta*]
Überbringer	portatore [*portatò:re*]
überweisen	trasferire [*trassferì:re*]
überziehen	andare in rosso [*andà:re in ròsso*]

überzogen	scoperto [*skopàrto*]
unterschreiben	firmare [*firmà:re*]
Unterschrift	firma [*firma*]
Verrechnungsscheck	assegno sbarrato [*assènjo sbarrà:to*]
Währung	valuta [*walù:ta*]
Wechsel	cambiale [*kambi-à:le*]
wechseln	cambiare [*kambi-à:re*]
Wertpapier	titolo [*tì:tolo*]
zurückerstatten	rimborsare [*rimborssà:re*]

Wo ist die nächste Bank?	Dov'è la banca più vicina? [*dowä là bànka pi-ù witschì:na?*]
Ich möchte einen Reisescheck einlösen	vorrei cambiare un traveller [*worrä:i kambi-à:re un tràweller*]
Bitte geben Sie mir nicht nur Banknoten, sondern auch Kleingeld	non mi dia solo banconote ma anche un po' di spiccioli [*nòn mì dì:a ssò:lo banko-nò:te mà ànke ùn pò di spìtscholi*]
Könnten Sie meiner Bank in Frankfurt ein Fax schicken?	potrebbe spedire un fax alla mia banca di Francoforte? [*potrèbbe spedì:re ùn fàks àlla mì:a bànka di Frankofòrte?*]
Ich möchte diesen Scheck auf mein Konto einzahlen	vorrei versare questo assegno sul mio conto corrente [*worrä:i werssà:re kuèsto assènjo ssùl mì:o kònto korränte*]
Ich möchte ein Bankkonto eröffnen	vorrei aprire un conto corrente [*worrä:i aprì:re ùn kònto korränte*]
Ich möchte 300 Euro abheben	desidero prelevare 300 euro [*desì:dero prelewà:re trätschento è-uro*]

GELDWECHSEL

Bank	banca [*bànka*]
Bankscheck	assegno di conto corrente [*assènjo dì kònto korränte*]
Bankspesen	spese bancarie [*spè:se bankà:ri-e*]
Bargeld	contanti [*kontànti*]
Dollar	dollaro [*dò:llaro*]
Euro	euro [*è-uro*]
Kreditkarte	carta di credito [*kàrta dì krè:dito*]
Kurs	cambio [*kàmbi-o*]
Pfund	sterlina [*sterlì:na*]
Quittung	ricevuta [*ritschewù:ta*]
Reisescheck	traveller cheque
Schweizer Franken	franco svizzero [*frànko swìtssero*]
Sparkasse	Cassa di Risparmio [*kàssa dì rispàrmio*]
wechseln	cambiare [*kambi-à:re*]
Wechselstube	cambiavalute [*kambi-awalù:te*]

Ich möchte diesen Reisescheck einlösen	Vorrei incassare questo traveller's cheque [*worrà:i inkassà:re kuèsto …*]
Haben Sie einen Personalausweis?	Ha un documento personale? [*à ùn dokumènto perssonà:le?*]
Wo muß ich unterschreiben?	Dove devo firmare? [*dò:we dè:wo firmà:re?*]
Bitte unterschreiben Sie hier	Per favore firmi qui [*pèr fawò:re firmi kuì*]
Ich möchte 500 Euro in Pfund umwechseln	Vorrei cambiare 500 euro in sterline [*worrà:i kambi-à:re tschinkuetschènto è-uro ìn sterlì:ne*]
Können Sie mir auch kleine Scheine und Münzen geben?	Può darmi anche tagli piccoli e delle monete? [*può dàrmi ànke tàlji pìkkoli e dèlle monè:te?*]
Wie steht der Kurs?	Quant'è il cambio? [*kuantà ìl kàmbio?*]
Wieviel bekomme ich für einen Schweizer Franken?	Quant'è il controvalore di un franco svizzero? [*kuantà ìl kontrowalò:re di ùn frànko swìtssero*]

GESCHÄFTLICHES

Abnahmebescheinigung	certificato di collaudo [*tschertifikà:to di kollà:udo*]
abschließen [Vertrag]	stipulare [*stipulà:re*]
absenden	spedire [*spedì:re*]
Absender	mittente [*mittànte*]
Adresse	indirizzo [*indirìtsso*]
Agentur	agenzia [*adschentssì:a*]
Akkreditiv	lettera di credito [*lèttera di krè:dito*]
Aktie	azione [*atssi-ò:ne*]
Aktienbrief	certificato azionario [*tschertifikà:to atssi-onà:ri-o*]
aktive Bilanz	bilancio attivo [*bilàntscho attì:wo*]
Alleineigentümer	proprietario unico [*propri-età:ri-o ù:niko*]
allgemeine Geschäftsbedingungen	condizioni generali di contratto [*konditssi-ò:ni dschenerà:li dì kontràtto*]
anbieten	offrire [*offrì:re*]
Anfrage	richiesta [*riki-àsta*]
anfragen	richiedere [*riki-è:dere*]
Angebot	offerta [*offàrta*]
Angestellte	impiegato/a [*impi-egà:to/a*]
anlegen	investire [*inwestì:re*]
Anleihe	mutuo [*mù:tu-o*]
anwenden	applicare [*applikà:re*]
Anzahlung	caparra [*kapàrra*]

Arbeiter	operaio [*operà:i-o*]
arbeitslos	disoccupato [*dissokkupà:to*]
auf den Markt bringen	mettere in commercio [*mèttere in kommàrtscho*]
auflösen [Vertrag]	rescindere [*reschìndere*]
Auktion	asta [*àsta*]
Ausfuhrbewilligung	licenza d'esportazione [*litschàntssa desportatssi-ò:ne*]
ausgeben	spendere [*spàndere*]
Außenhandelsministerium	Ministero del Commercio con l'Estero [*ministè:ro dèl kommàrtscho kòn làstero*]
ausstellen	esporre [*espòrre*]
Ausstellung	esposizione [*espositssi-ò:ne*]
Ausverkauf	liquidazione [*likuidatssi-ò:ne*]
ausverkauft	esaurito [*esa-urì:to*]
Banksicherheit	garanzia bancaria [*garantssì:a bankà:ri-a*]
bar	in contanti [*ìn kontànti*]
belasten	addebitare [*addebità:re*]
Belegschaft	i dipendenti [*i dipendànti*]
Beschwerde	reclamo [*reklà:mo*]
Besitz	possesso [*possàsso*]
bestellen	ordinare [*ordinà:re*]
Bestellung	ordine [*òrdine*]
besteuern	tassare [*tassà:re*]
bewerten	valutare [*walutà:re*]
bezahlen	pagare [*pagà:re*]
Bilanz	bilancio [*bilàntscho*]
Bilanzaufstellung	compilazione del bilancio [*kompilatssi-ò:ne dèl bilàntscho*]
Bilanzjahr	esercizio finanziario [*esärtschìtssi-o finantssi-à:ri-o*]
Bilanzprüfung	revisione del bilancio [*rewisi-ò:ne dèl bilàntscho*]
billig	a buon mercato [*à bu-òn merkà:to*]
Börse	borsa [*bòrssa*]
Börsentransaktion	contratto di borsa [*kontràtto di bòrssa*]
Buchhalter	contabile [*kontàbile*]
Chartervertrag	contratto di nolo [*kontràtto dì nò:lo*]
Darlehen	prestito [*pràstito*]
Diebstahlversicherung	assicurazione contro il furto [*assikuratssi-ò:ne kòntro ìl fùrto*]
Eigentum	proprietà [*propri-età*]
Eigenwechsel	pagherò [*pagerò*]
einbringen	fruttare [*fruttà:re*]
einführen	importare [*importà:re*]
Einfuhrgenehmigung	licenza d'importazione [*litschàntssa dimportatssi-ò:ne*]
einigen, sich	accordarsi [*akkordàrssi*]
Einkommen	reddito [*ràddito*]
einpacken	imballare [*imballà:re*]
einträglich	redditizio [*redditì:tssi-o*]; fruttifero [*fruttì:fero*]

entschädigen	risarcire [*rissartschì:re*]
erhöhen	aumentare [*a-umentà:re*]
Erzeugerpreis	prezzo di fabbrica [*pràtsso di fàbbrika*]
exportieren	esportare [*esportà:re*]
fällige Schuld	debito esigibile [*dèbito esidschì:bile*]
Fälligkeit	scadenza [*skadàntssa*]
Feuerversicherung	assicurazione contro l'incendio [*assikuratssi-ò:ne kòntro lintschàndi-o*]
Firma	ditta [*dìtta*]
Fracht	spedizione [*spedittsi-ò:ne*]
Frachtbrief	lettera di carico [*lèttera di kà:riko*]
frachtfrei	franco di porto [*frànko di pòrto*]
frei Grenze	franco frontiera [*frànko fronti-è:ra*]
Freihafen	porto franco [*pòrto frànko*]
frisieren	camuffare [*kamuffà:re*]
fristen	prorogare [*prorogà:re*]
Garantie	garanzia [*garantssì:a*]
Garantieschein	certificato di garanzia [*tschertifikà:to di garantssì:a*]
gegen Nachnahme	contrassegno [*kontrassènjo*]
Gehalt	stipendio [*stipàndi-o*]
Gelegenheit	occasione [*okkasi-ò:ne*]
Geschäft	negozio [*negò:tssi-o*]; affare [*affà:re*]
Geschäftsabschluß	conclusione di un affare [*konklusi-ò:ne di ùn affà:re*]
Geschäftsbilanz	bilancio di esercizio [*bilàntscho di esärtschìtssi-o*]
Geschäftsbrief	lettera d'affari [*lèttera daffà:ri*]
Geschäftsbücher	libri contabili [*lìbri kontà:bili*]
Geschäftsfreund	corrispondente [*korrispondànte*]
Geschäftsführer [eines Geschäftes]	gerente [*dscherànte*]
Geschäftsführer [einer Gesellschaft]	amministratore delegato [*amministratò:re delegà:to*]
Geschäftssitz	sede sociale [*ssè:de ssotschà:le*]
Geschäftswert	valore commerciale [*walò:re kommertschà:le*]
Gesellschaft	società [*ssotschi-età*]
Gesetz	legge [*lèddsche*]
Gewährfrist	periodo di garanzia [*perì:odo di garantssì:a*]
Gewährleistung	garanzia [*garantssì:a*]
Gewerbebetrieb	piccola industria [*pìkkola indùstri-a*]
Gewicht	peso [*pè:so*]
Gewinn- und Verlustrechnung	bilancio profitti e perdite [*bilàntscho profitti e pärdite*]
Gläubiger	creditore [*kreditò:re*]
Großhandel	commercio all'ingrosso [*kommärtscho allingròsso*]
Grundpreis	prezzo base [*prätsso bà:se*]
gutschreiben	accreditare [*akkredità:re*]

Haftpflichtversicherung	assicurazione contro i rischi di responsabilità civile [*assikuratssi-ò:ne kòntro i rìski di responsabilità tschiwì:le*]
Handel	commercio [*kommàrtscho*]
Handelskammer	camera di commercio [*kà:mera di kommàrtscho*]
handgemacht	fatto a mano [*fàtto à mà:no*]
Händler	commerciante [*kommärtschànte*]
Haushaltsplan	bilancio preventivo [*bilàntscho prewentì:wo*]
herstellen	produrre [*prodùrre*]
im Handel sein	essere in commercio [*àssere in kommàrtscho*]
Indossament	girata [*dschirà:ta*]
indossieren	girare [*dschirà:re*]
Industrie	industria [*indùstri-a*]
Kapitalerhöhung	aumento del capitale [*a-umènto dèl kapità:le*]
Kassierer	cassiere [*kassi-è:re*]
Katalog	catalogo [*katà:logo*]
kaufen	comperare [*komperà:re*]
Kaufvertrag	contratto di compravendita [*kontràtto di komprawàndita*]
Kaution	cauzione [*ka-utssi-ò:ne*]
Kleinhandel	commercio al minuto [*kommàrtscho àl minù:to*]
Konkurs	fallimento [*fallimènto*]
Konkurs anmelden	dichiarare fallimento [*diki-arà:re fallimènto*]
Korrespondenz	corrispondenza [*korrispondàntssa*]
Kunde	cliente [*kli-ànte*]
Laden	negozio [*negò:tssi-o*]
laden	caricare [*karikà:re*]
Ladung	carico [*kà:riko*]
Lager	magazzino [*magadsì:no*]
Lebensversicherung	assicurazione sulla vita [*assikuratssi-ò:ne ssùlla wì:ta*]
liefern	consegnare [*konsenjà:re*]
Lieferung	fornitura [*fornitù:ra*]
Lohn	salario [*ssalàri-o*]
Management	direzione [*diretssi-ò:ne*]
maschinell	a macchina [*à màkkina*]
Mietvertrag	contratto di locazione [*kontràtto di lokatssi-ò:ne*]
Muster	campione [*kampi-ò:ne*]
Mustermesse	fiera campionaria [*fi-è:ra kampi-onà:ri-a*]
MWS	IVA [*ì:wa*]
Nachfrage	domanda [*domànda*]
Paket	pacco [*pàkko*]
passive Bilanz	bilancio passivo [*bilàntscho passì:wo*]
Patent	brevetto [*brewètto*]

Patentanwalt	agente dei brevetti [*adschànte dè:i brewètti*]
patentieren	brevettare [*brewettà:re*]
pleite gehen	fallire [*fallì:re*]
Preis	prezzo [*pràtsso*]
Preisliste	listino prezzi [*listì:no pràtssi*]
Protest	protesto [*protàsto*]
Quittung	quietanza [*kui-etàntssa*]; ricevuta [*ritschewù:ta*]
Rabatt	sconto [*skònto*]
Ratenzahlung	pagamento a rate [*pagamènto à rà:te*]
Rechnung	fattura [*fattù:ra*]
Recht	diritto [*diritto*]
Reisende	viaggiatore [*wi-addschatò:re*]
rentabel	redditizio [*redditì:tssi-o*]
säumig sein	essere moroso [*àssere morò:so*]
Schadenersatz	risarcimento danni [*rissartschimènto dànni*]
Schätzung	stima [*stì:ma*]
Schuldner	debitore [*debitò:re*]
Selbstkostenpreis	prezzo di costo [*pràtsso di kòsto*]
Sichtwechsel	cambiale a vista [*kambi-à:le à wìsta*]
Soll	debito [*dàbito*]
Speditionsvertrag	contratto di spedizione [*kontràtto di speditssi-ò:ne*]
spesenfrei	franco di spese [*frànko di spè:se*]
steigen	salire [*ssalì:re*]
Steigerung	aumento [*a-umènto*]
Termingeschäft	contratto a termine [*kontràtto à tàrmine*]
teuer	caro [*kà:ro*]
Tilgungsabkommen	accordo di ammortamento [*akkòrdo di ammortamènto*]
Transportunternehmer	spedizioniere [*speditssi-oni-è:re*]
Tratte	tratta [*tràtta*]
Übereinkunft	accordo [*akkòrdo*]
unterschreiben	firmare [*firmà:re*]
Unterschrift	firma [*fìrma*]
unwiderruflich	irrevocabile [*irrewokà:bile*]
Ursprungszeugnis	certificato d'origine [*tschertifikà:to dorì:dschine*]
Verhandlung	trattativa [*trattatì:wa*]
verkaufen	vendere [*wàndere*]
Versand	spedizione [*speditssi-ò:ne*]
Versandkosten	spese di spedizione [*spè:se di speditssi-ò:ne*]
versichern, sich	assicurarsi [*assikuràrssi*]
Versicherung	assicurazione [*assikuratssi-ò:ne*]
Versicherungsvertrag	contratto di assicurazione [*kontràtto di assikuratssi-ò:ne*]
Vertreter	rappresentante [*rappresentànte*]
Vorschuß	anticipo [*antì:tschipo*]
Vorstand	consiglio [*konssìljo*]

Vorzugspreis	prezzo di favore [*pràtsso di fawò:re*]
Ware	merce [*màrtsche*]
Wechsel	cambiale [*kambi-à:le*]
Wechselbürgschaft leisten	avallare una cambiale [*awallà:re ù:na kambi-à:le*]
wechseln	cambiare [*kambi-à:re*]
Werbung	pubblicità [*pubblitschità*]
Werk	fabbrica [*fàbbrika*]
Werkstatt	officina [*offitschì:na*]
Wiederverkäufer	rivenditore [*riwänditò:re*]
Wucher	usura [*usù:ra*]
Zahlung	pagamento [*pagamènto*]
zahlungsunfähig	insolvente [*inssolwànte*]
Zinspapiere	buoni fruttiferi [*bu-ò:ni fruttì:feri*]
Zoll	dogana [*dogà:na*]
Zollbescheinigung	certificato doganale [*tschertifikà:to doganà:le*]

Mein Name ist ... Hier ist meine Visitenkarte	Sono ... Ecco il mio biglietto da visita [*ssò:no ... àkko il mì:o biljètto dà wì:sita*]
Ich habe einen Termin mit dem Direktor	Ho un appuntamento con il direttore [*ò ùn appuntamènto kòn il direttò:re*]
Ich werde später wieder vorbeikommen	Ripasserò più tardi [*ripasserò pi-ù tàrdi*]
Ich werde telefonisch einen Termin vereinbaren	Telefonerò per fissare un appuntamento [*telefonerò pèr fissà:re un appuntamènto*]
Wann wird der Direktor mit mir sprechen können?	Quando potrà parlarmi il direttore? [*kuàndo potrà parlàrmi il direttò:re?*]
Danke, ich warte	Grazie, attendo [*gràtssi-e, attàndo*]
Können Sie mir einen Voranschlag unterbreiten?	Può farmi una proposta? [*pu-ò fàrmi ù:na propòsta?*]
Ihre Preise sind viel zu hoch	I suoi prezzi sono troppo alti [*i ssu:ò-i pràtssi ssò:no tròppo àlti*]
Können Sie mir einen Preisnachlaß gewähren?	Può concedermi uno sconto? [*pu-ò kontschè:dermi ù:no skònto?*]
Nennen Sie mir bitte die Bedingungen	Mi dica quali sono le condizioni [*mì dì:ka kuà:li ssò:no le konditssi-ò:ni?*]
Ich leiste eine Anzahlung	Verso una caparra [*wàrsso ù:na kapàrra*]
Geben Sie mir bitte eine Quittung	Mi dia una ricevuta, per favore [*mì dì:a ù:na ritschewù:ta pèr fawò:re*]

HANDELSKORRESPONDENZ

Sehr geehrter Herr	Egregio signore [*egrèdscho ssinjò:re*]
Sehr geehrte Herren	Egregi signori [*egrèdschi ssinjò:ri*]
Wir haben Ihr Schreiben vom ... erhalten	Abbiamo ricevuto la pregiata Vostra del ... [*abbi-à:mo ritschewù:to là predschà:ta wòstra dèl ...*]

Es tut uns leid, Ihnen mitteilen zu müssen ...	Ci dispiace doverVi comunicare ... [*tschì dispi-à:tsche dowèrwi komunikà:re ...*]
Gerne möchten wir mit Ihnen in Geschäftsverbindung treten	Vorremmo iniziare delle relazioni d'affari con la Vostra ditta [*worrèmmo initssi-à:re dèlle relatssi-ò:ni daffà:ri kòn là wòstra dìtta*]
In bezug auf Ihr Angebot vom ..., bitten wir Sie, uns mitzuteilen ...	Con riferimento alla Vostra offerta del ... Vi preghiamo di comunicarci ... [*kòn riferimènto àlla wòstra offàrta dèl ... wì pregi-à:mo di komunikàrtschi ...*]
Wir erwarten Ihre baldige Rückäußerung	Attendiamo una Vostra sollecita risposta [*attendi-à:mo ù:na wòstra ssollè:tschita rispòsta*]
Für Ihre Bemühungen danken wir Ihnen im voraus ...	RingraziandoVi sin d'ora ... [*ringratssi-àndowi ssìn dò:ra ...*]
und verbleiben mit freundlichen Grüßen	Vi porgiamo distinti saluti [*wì pordschà:mo distìnti ssalù:ti*]
Ihrer Auftragsbestätigung sehen wir entgegen und verbleiben mit freundlichen Grüßen	In attesa di una Vostra conferma dell'ordine Vi porgiamo i nostri più distinti saluti [*ìn attè:sa dì ù:na wòstra konfèrma dellòrdine wì pordschà:mo distìnti ssalù:ti*]

POST- UND TELEGRAPHENAMT

> Die Postämter sind durch ein rundes Schild mit der Aufschrift PT gekennzeichnet. Sie sind zuständig für den Postdienst, für Telegramme und Geldüberweisungen. Die Öffnungszeiten sind gewöhnlich montags bis freitags von 8.15 Uhr bis 14.00 Uhr, samstags von 8.15 Uhr bis 12.00 Uhr. In einigen Postämtern befindet sich auch der öffentliche Telefondienst.

Absender	mittente [*mittànte*]
Adresse	indirizzo [*indirìtsso*]
Ansichtskarte	cartolina illustrata [*kartolì:na illustrà:ta*]
Brief	lettera [*lèttera*]
Briefkasten	buca delle lettere [*bù:ka dèlle lèttere*]
Briefmarke	francobollo [*frankobòllo*]
Briefträger	postino [*postì:no*]
Drucksache	stampe [*stàmpe*]
Eilbrief	espresso [*espràsso*]
Einschreiben	raccomandata [*rakkomandà:ta*]
einwerfen	imbucare [*imbukà:re*]
Empfänger	destinatario [*destinatàri-o*]
frankieren	affrancare [*affrankà:re*]
Frankierung	affrancatura [*affrankatù:ra*]
Hauptpostamt	posta centrale [*pòsta tschentrà:le*]
internationale Postanweisung	vaglia internazionale [*wàlja internatssi-onà:le*]

Luftpost	via aerea [*wì:a a-ère-a*]
Muster ohne Wert	campione senza valore [*kampi-ò:ne ssèntssa walò:re*]
Nachnahme	contrassegno [*kontrassènjo*]
Päckchen	pacchetto [*pakkètto*]
Paket	pacco [*pàkko*]
Post	posta [*pòsta*]
Postbeamte	impiegato delle poste [*impi-egà:to dèlle pòste*]
Posterlagschein	bollettino di conto corrente postale [*bollettì:no di kònto corrànte postà:le*]
Postfach	casella postale [*kasàlla postà:le*]
Postgirokonto	conto corrente postale [*kònto korrànte postà:le*]
Postkarte	cartolina postale [*kartolì:na postà:le*]
postlagernd	fermo posta [*fèrmo pòsta*]
Postleitzahl	codice di avviamento postale [*kò:ditsche di awwi-amènto postà:le*]
Postsparbuch	libretto postale di risparmio [*librètto postà:le di rispàrmi-o*]
Quittung	ricevuta [*ritschewù:ta*]
Rückantwortschein	buono risposta [*bu-ò:no rispòsta*]
Schalter	sportello [*sportàllo*]
Sonderausgabe	emissione speciale [*emissi-ò:ne spetschà:le*]
Strafgebühr	soprattassa [*sopratàssa*]
Telegramm	telegramma [*telegràmma*]
unterschreiben	firmare [*firmà:re*]
Unterschrift	firma [*fìrma*]
versicherte Wertsendung	spedizione assicurata con valore dichiarato [*speditssi-ò:ne assikurà:ta kòn walò:re diki-arà:to*]
Wertbrief	lettera assicurata [*lèttera assikurà:ta*]
wiegen	pesare [*pesà:re*]
zurückweisen	respingere [*respìndschere*]
zustellen	recapitare [*rekapità:re*]

Wo ist das nächste Postamt?	Dov'è l'ufficio postale più vicino? [*dowà luffì:tscho postà:le pi-ù witschì:no?*]
Ich möchte einen Brief eingeschrieben wegschicken	Vorrei spedire una raccomandata [*worrà:i spedì:re ù:na rakkomandà:ta*]
Gibt es Sondermarken?	Ci sono emissioni speciali? [*tschì ssò:no emissi-ò:ni spetschà:li?*]
Wo ist der Schalter für postlagernde Sendungen?	Dov'è lo sportello fermo posta? [*dowà lo sportàllo fermo pòsta?*]
Mein Name ist … Sind postlagernde Sendungen für mich da?	Sono … C'è qualcosa per me fermo posta? [*ssò:no … tschà kualkò:sa pèr mà fèrmo pòsta?*]
Wo kann ich diese Postanweisung einlösen?	Dove posso cambiare questo vaglia? [*dò:we pòsso kambi-à:re kuèsto wàlja?*]

Ich möchte eine dringende internationale Postanweisung aufgeben	Vorrei spedire un vaglia internazionale urgente [*worrä:i spedì:re un wàlja internatssi-onà:le urdschènte*]
Ich möchte ein dringendes Telegramm nach Frankfurt aufgeben	Vorrei spedire un telegramma urgente a Francoforte [*worrä:i spedì:re un telegràmma urdschènte à frankofòrte*]

Telegramme können auch per Telefon diktiert werden. Anschrift und Text werden wie folgt buchstabiert:

A come Ancona [*à kò:me ankò:na*]
B come Bologna [*bi kò:me bolònja*]
C come Como [*tschì kò:me kò:mo*]
D come Domodossola [*di kò:me domodòssola*]
E come Empoli [*è kò:me ämpoli*]
F come Firenze [*äffe kò:me firäntsse*]
G come Genova [*dschi kò:me dschè:nowa*]
H come Hotel [*akka kò:me otèl*]
I come Imola [*ì kò:me ìmola*]
J come i lunga [*kò:me ì lùnga*]
K come kappa [*kò:me kàppa*]
L come Livorno [*älle kò:me liwòrno*]
M come Milano [*ämme kò:me milà:no*]
N come Napoli [*änne kò:me nà:poli*]
O come Otranto [*ò kò:me òtranto*]
P come Palermo [*pi kò:me palärmo*]
Q come quadro [*kù kò:me kuà:dro*]
R come Roma [*ärre kò:me rò:ma*]
S come Savona [*ässe kò:me ssawò:na*]
T come Torino [*tì kò:me torì:no*]
U come Udine [*ù kò:me ùdine*]
V come Venezia [*wì kò:me wenätssi-a*]
W come Washington [*wi doppia kò:me washington*]
X ics [*iks*]
Y i greca [*ì grä:ka*]
Z zeta [*dsä:ta*]

DER TELEPHONDIENST

Der Telefondienst ist in Italien der TELECOM anvertraut. Außerdem verfügen viele U-Bahn-Stationen, Hotels, Stehbars und Restaurants über Münztelefone (siehe Hinweisschild). Diese Apparate funktionieren mit Münzen und Telefonkarten. Es ist immer billiger, einen Münzapparat zu benutzen oder bei der TELECOM zu telefonieren als in Hotels usw. Letztere verfügen zwar meist über Einheitenzähler, sind aber berechtigt, einen Zuschlag zu erheben. Für Anrufe durch Vermittlung wählen Sie die Nummer 170.

Anruf	telefonata [*telefonà:ta*]
Anruf auf Empfängerrechnung	chiamata con pagamento a destinazione [*ki-amà:ta kòn pagamènto à destinatssi-ò:ne*]
Anrufbeantworter	segreteria telefonica [*ssegreterì:a telefò:nika*]
Anrufe mit Kreditkarte	chiamata con addebito su carta di credito [*ki-amà:ta kòn addè:bito ssù kàrta dì krè:dito*]
anrufen	telefonare [*telefonà:re*]
besetzt	occupato [*okkupà:to*]
Besetztzeichen	segnale di occupato [*senjà:le dì okkupà:to*]
Durchwahl	teleselezione [*telesseletssi-ò:ne*]
Durchwahlnummer	indicativo interurbano e numero dell'abbonato [*indikatì:wo interurbà:no e nù:mero dèllabbonà:to*]
eine Nummer wählen	chiamare un numero [*ki-amà:re ùn nù:mero*]
ermäßigte Gebühr	tariffa ridotta [*tarìffa ridòtta*]
Ferngespräch	interurbana [*interurbà:na*]
Freizeichen	segnale di libero [*senjà:le dì lì:bero*]
Gebühr	tariffa [*tarìffa*]
Gespräch	comunicazione [*komunikatssi-ò:ne*]
Gesprächsdauer	durata della comunicazione [*durà:ta dèlla komunikatssi-ò:ne*]
Hörer	ricevitore [*ritschewitò:re*]; cornetta [*kornètta*]
melden, sich	parlare [*parlà:re*]
Mikrophon	microfono [*mikrò:fono*]
Mobiltelefon	cellulare [*tschellulà:re*]
öffentliches Telefon	telefono pubblico [*telè:fono pùbbliko*]
Ortsgespräch	comunicazione urbana [*komunikatssi-ò:ne urbà:na*]

Personenrufdienst	chiamata personale [*ki-amà:ta perssonà:le*]
Selbstwählverkehr	teleselezione [*telesseletssi-ò:ne*]
Telefon	telefono [*telè:fono*]
Telefonbuch	elenco telefonico [*elànko telefò:niko*]
Telefondienst durch Vermittlung	servizio telefonico tramite operatore [*sserwìtssi-o telefò:niko trà:mite operatò:re*]
Telefonistin	centralinista [*tschentralinìsta*]
Telefonnummer	numero di telefono [*nùmero di telè:fono*]
Telefonseelsorge	telefono amico [*telè:fono amì:ko*]
Telefonzelle	cabina telefonica [*kabì:na telefò:nika*]
unterbrechen	interrompere [*interròmpere*]
Vorwahl	prefisso [*prefìsso*]
wählen	fare il numero [*fà:re il nùmero*]
Wertkarte	carta telefonica [*kàrta telefò:nika*]
zum Nulltarif	numero verde [*nùmero wèrde*]
zurückrufen	richiamare [*riki-amà:re*]
Ich möchte nach Deutschland telefonieren. Könnten Sie mir die Vorwahl sagen?	Vorrei chiamare la Germania. Potrebbe dirmi il prefisso? [*worrà:i ki-amà:re là dschermà:ni-a; potrèbbe dìrmi il prefìsso?*]
Könnten Sie die Verbindung ermöglichen?	Potrebbe darmi la linea? [*potrèbbe dàrmi la lì:ne-a?*]
Könnten Sie mich bitte mit der Nummer X. verbinden?	Mi passi il numero X. per favore [*mì pàssi ìl nùmero X. pèr fawò:re*]
Ich möchte einen Anruf auf Empfängerrechnung machen	Desidero fare una telefonata a carico del destinatario [*desì:dero fà:re ù:na telefonà:ta à kàriko dèl destinatà:ri-o*]
Geben Sie mir bitte eine Wertkarte für 10 Euro	Mi dia una carta telefonica da 10 euro per favore [*mì dì:a ù:na kàrta telefò:nika dà di-è:tschi è-uro*]
Hallo, wer spricht?	Pronto, chi parla? [*prònto, kì pàrla?*]
Ich möchte mit Frau M. sprechen	Vorrei parlare con la signora M. [*worrà:i parlà:re kòn là sinjò:ra M.*]
Es tut mir leid, Sie sind falsch verbunden	Mi dispiace, ha sbagliato numero [*mì disspi-à:tsche, à sbaljà:to nùmero*]
Bitte bleiben Sie am Apparat	Rimanga in linea per favore [*rimànga ìn lì:ne-a, pèr fawò:re*]
Einen Augenblick bitte	Un momento per favore [*ùn momènto pèr fawò:re*]
Können Sie bitte etwas ausrichten?	Può trasmettere un messaggio? [*pu-ò trassmèttere ùn messàddscho?*]; può riferire qualcosa? [*pu-ò riferì:re kualkò:sa?*]

Ich werde um 18 Uhr wieder anrufen	Richiamerò alle diciotto [*riki-a:merò àlle ditschòtto*]
Können Sie Frau M. Bescheid sagen	Può comunicarlo alla signora M. [*pu-ò komunikàrlo àlla sinjò:ra M.*]
Frau M. soll bitte zurückrufen	Dica alla signora M. di richiamarmi [*dì:ka àlla sinjò:ra M. di riki-amàrmi*]
Können Sie mir die entstandenen Gebühren durchsagen? (tel. 176)	Mi può dare il costo della telefonata? [*mì pu-ò dà:re il kòsto dèlla telefonà:ta?*]

POLIZEIAMT

Anzeige	denuncia [*denùntscha*]
anzeigen	denunciare [*denuntschà:re*]
belästigen	molestare [*molestà:re*]
beschlagnahmen	confiscare [*konfiskà:re*]
bewaffneter Raubüberfall	rapina a mano armata [*rapì:na à mà:no armà:ta*]
Diebstahl	furto [*fùrto*]
Fahndung	ricerca [*ritschèrka*]
fahrlässige Tötung	omicidio colposo [*omitschì:di-o kolpò:so*]
Festnahme	fermo di polizia [*fèrmo di politssì:a*]
Fundbüro	ufficio oggetti smarriti [*uffì:tscho oddschàtti ssmarrì:ti*]
Gefängnis	carcere [*kàrtschere*]
Handtaschendiebstahl [durch Wegreißen]	scippo [*schìppo*]
nächtliche Ruhestörung	schiamazzi notturni [*ski-amàtssi nottùrni*]
Notwehr	legittima difesa [*ledschìttima difè:sa*]
Mord	omicidio premeditato [*omitschì:di-o premeditàː:to*]
Polizei	polizia [*politssì:a*]
Polizeirevier	distretto di polizia [*distrètto di politssì:a*]
Polizeiwache	posto di polizia [*pòsto di politssì:a*]
Raubüberfall	rapina [*rapì:na*]
Rauschgift	droga [*drò:ga*]
Rechtsanwalt	avvocato [*awwokà:to*]
schänden	stuprare [*stuprà:re*]
Schmuggel	contrabbando [*kontrabbàndo*]
Steckbrief	mandato di cattura [*mandà:to di kattù:ra*]
steckbrieflich gesucht	ricercato con mandato di cattura [*ritscherkà:to kòn mandà:to di kattù:ra*]
Strafsumme	ammenda [*ammànda*]
Strafverfügung	verbale di contravvenzione [*werbà:le di kontrawwentssi-ò:ne*]
Totschlag	omicidio volontario [*omitschì:di-o wolontà:ri-o*]
Trunkenheit am Steuer	guida in stato di ebbrezza [*gu-ì:da in stà:to di ebbrètssa*]

Untersuchungshaft	detenzione preventiva [*detentssi-ò:ne prewentì:wa*]
verhaften	arrestare [*arrestà:re*]
Vergewaltigung	stupro [*stùpro*]
Verlustanzeige	denuncia di smarrimento [*denùntscha di ssmarrimènto*]
Widerstand gegen die Staatsgewalt	resistenza a pubblico ufficiale [*resiståntssa à pùbbliko uffischà:le*]
Wo ist die nächste Polizeiwache?	Dov'è il posto di polizia più vicino? [*dowå il pòsto di politssì:a pi-ù witschì:no?*]
Man hat mein Auto aufgebrochen	Mi hanno aperto la macchina [*mì ànno apårto là màkkina*]
Es fehlen das Autoradio, eine Sonnenbrille und eine Werkzeugtasche	Mancano l'autoradio, un paio di occhiali da sole e una borsa con degli attrezzi [*mànkano la-utorà:di-o, un pà:i-o di okki-à:li dà ssò:le e ù:na bòrssa kòn dèlji attrètssi*]
Mein Auto ist gestohlen worden	La mia macchina è stata rubata [*là mì:a màkkina å stà:ta rubà:ta*]
Ich benötige eine Kopie der Anzeige für die Versicherung	Mi serve una copia della denuncia per l'assicurazione [*mì ssårwe ù:na kò:pi-a dèlla denùntscha per lassikuratssi-ò:ne*]
Ich habe falsch geparkt und einen Strafzettel erhalten	Ho parcheggiato in modo irregolare e mi è stata fatta una contravvenzione [*ò parkeddschà:to ìn mò:do irregolà:re e mì å stà:ta fàtta ù:na kontrawwentssi-ò:ne*]
Wo kann ich die Strafe bezahlen?	Dove posso pagare la multa [*dò:we pòsso pagà:re là mùlta?*]

VIII UNTERKUNFT

HOTELS UND PENSIONEN

Wenn Sie nicht schon über ein Reisebüro gebucht haben, können Sie sich immer vertrauensvoll an das Fremdenverkehrsamt der Provinz (EPT) oder an den Verkehrsverein (azienda autonoma di soggiorno) in den größeren Ortschaften wenden.

Garni	albergo-alloggio senza ristorante [*albärgo allòddscho ssèntssa ristorànte*]
Gästehaus	foresteria [*foresterì:a*]
Gasthof	albergo [*albärgo*]
Herberge	locanda [*lokànda*]
Hotel	albergo [*albärgo*]; hotel [*otèl*]
Luxushotel	albergo di lusso [*albärgo di lùsso*]
Pension	pensione [*penssi-ò:ne*]
Zimmer	camere [*kà:mere*]
Abendessen	cena [*tschè:na*]
Abfahrt	partenza [*partäntssa*]
abschließen	chiudere a chiave [*ki-ù:dere à ki-à:we*]
Ankunft	arrivo [*arrì:wo*]
Anmeldeformular	modulo di denuncia [*mòdulo di denùntscha*]
Anzahlung	acconto [*akkònto*]
Aschenbecher	portacenere [*portatschè:nere*]
aufschließen	aprire [*aprì:re*]
Bad, Badezimmer	bagno [*bànjo*]
Balkon	balcone [*balkò:ne*]
Bedienung	servizio [*sserwìtssi-o*]
Bedienung inbegriffen	servizio compreso [*sserwìtssi-o komprè:so*]
Beschwerde	reclamo [*reklà:mo*]
Blick	vista [*wìsta*]
bügeln	stirare [*stirà:re*]
Decke	coperta [*kopärta*]
Doppelbettzimmer	camera matrimoniale [*kà:mera matrimoni-à:le*]
Dusche	doccia [*dòttscha*]
Einzelzimmer	camera singola [*kà:mera ssìngola*]
Eiswürfel	cubetto di ghiaccio [*kubètto di gi-àttscho*]
Essenszeiten	orario dei pasti [*oràri-o dè:i pàsti*]
Etage	piano [*pi-à:no*]
Fahrstuhl	ascensore [*aschenssò:re*]
Fenster	finestra [*finästra*]
Fernseher	televisore [*telewisò:re*]
fließendes Wasser	acqua corrente [*àkkua korrènte*]

Fremdenverkehrsamt	ufficio del turismo [*uffì:tscho dèl turì:ssmo*]
Frühstück	prima colazione [*prì:ma kolatssi-ò:ne*]
Frühstücksraum	sala/saletta per la colazione [*ssà:la/ssalètta pèr là kolatssi-ò:ne*]
Fußboden	pavimento [*pawimènto*]
Garderobe	guardaroba [*gu-ardaròba*]
Garten	giardino [*dschardì:no*]
Glühbirne	lampadina [*lampadì:na*]
Halbpension	mezza pensione [*mädsa penssi-ò:ne*]
Handtuch	asciugamano [*aschugamà:no*]
Heizung	riscaldamento [*riskaldamènto*]
Hochsaison	alta stagione [*àlta stadschò:ne*]
Hotel-Restaurant	ristorante dell'albergo [*ristorànte dellalbärgo*]
Kamin	camino [*kamì:no*]
Kellner	cameriere [*kameri-è:re*]
Kinderbett	lettino [*lettì:no*]
Kissen	cuscino [*kuschì:no*]; guanciale [*gu-antschà:le*]
Kissenbezug	federa [*fèdera*]
Kleiderbügel	gruccia [*grùttscha*]; ometto [*omètto*]
Klimaanlage	aria condizionata [*àri-a konditssi-onà:ta*]
Klingel	campanello [*kampanèllo*]
klingeln	suonare [*ssu-onà:re*]
Koch	cuoco [*ku-ò:ko*]
Koffer	valigia [*walì:dscha*]
Konferenzsaal	sala convegni [*ssà:la konwènji*]
Küche	cucina [*kutschì:na*]
Kühlschrank	frigorifero [*frigorì:fero*]
Leselampe	lampada per leggere [*làmpada pèr lèddschere*]
Leuchte, Lampe	lampada [*làmpada*]
Liegestuhl	sdraio [*ssdrà-i-o*]
Matratze	materasso [*materàsso*]
Mittagessen	pranzo [*pràndso*]; colazione [*kolattsi-ò:ne*]
Nachsaison	bassa stagione [*bàssa stadschò:ne*]
Nachtglocke	campanello notturno [*kampanèllo nottùrno*]
Nachtportier	portiere di notte [*porti-è:re di nòtte*]
Nadel und Faden	ago e filo [*à:go e fì:lo*]
Oberkellner, Ober	capo cameriere [*kà:po kameri-è:re*]
Papierkorb	cestino per la carta [*tschestì:no pèr là kàrta*]
Portier	portiere [*porti-è:re*]
Privatstrand	spiaggia privata [*spi-àddscha priwà:ta*]
Rechnung	conto [*kònto*]; fattura [*fattù:ra*]
Reinigung	pulizia [*pulitssì:a*]
Reinigung, chemische	lavaggio a secco [*lawàddscho à sèkko*]
Reisebüro	agenzia viaggi [*adschentssì:a wi-àddschi*]
Rezeption	reception [*rissèpschon*]

Safe	cassaforte [*kassafòrte*]
Schalter	interruttore [*interruttò:re*]
Schloß	serratura [*sserratù:ra*]
Schlüssel	chiave [*ki-à:we*]
schmutzig	sporco [*spòrko*]
Schublade	cassetto [*kassètto*]
Schwimmbad	piscina [*pischì:na*]
Seife	sapone [*ssapò:ne*]
Sessel	poltrona [*poltrò:na*]
Sonnenschirm	ombrellone [*ombrellò:ne*]
Spannung	voltaggio [*woltàddscho*]
Speisesaal	sala da pranzo [*ssà:la dà pràndso*]
Spiegel	specchio [*spȁkki-o*]
Steckdose	presa di corrente [*prè:sa di korrènte*]
Stuhl	sedia [*ssȁdi-a*]
Telefon	telefono [*telè:fono*]
Telefonbuch	elenco abbonati [*elȁnko abbonà:ti*]
Telefonzentrale	centralino [*tschentralì:no*]
Tür	porta [*pòrta*]
Ventilator	ventilatore [*wentilatò:re*]
Verlängerungskabel	prolunga [*prolùnga*]
Vollpension	pensione completa [*penssi-ò:ne komplȁ:ta*]
Vorsaison	bassa stagione [*bàssa stadschò:ne*]
Warmwasser	acqua calda [*àkkua kàlda*]
Waschbecken	lavandino [*lawandì:no*]
Wäsche	biancheria [*bi-ankerì:a*]
waschen	lavare [*lawà:re*]
Wäscherei	lavanderia [*lawanderì:a*]
Wasser	acqua [*àkkua*]
Wasserglas	bicchiere da acqua [*bikki-è:re dà àkkua*]
Wasserhahn	rubinetto [*rubinètto*]
Zimmer	camera [*kà:mera*]
mit Bad	con bagno [*kòn bànjo*]
ohne Bad	senza bagno [*ssèntssa bànjo*]
mit Dusche	con doccia [*kòn dòttscha*]
mit Blick aufs Meer	con vista sul mare [*kòn wìsta ssùl mà:re*]
mit Frühstück	con prima colazione [*kòn prì:ma kolatssi-ò:ne*]
Zimmertür	porta della camera [*pòrta dèlla kà:mera*]
Zweibettzimmer	camera a due letti [*kà:mera à dù:e lȁtti*]
Zwischenstecker	adattatore [*adattatò:re*]; riduttore [*riduttò:re*]

ANKUNFT

Ich möchte ein Doppelzimmer, möglichst in einem Hotel direkt am Strand	Vorrei una camera matrimoniale, possibilmente in un albergo direttamente sulla spiaggia [*worrȁ:i ù:na kà:mera matrimoni-à:le possibilmènte in un albȁrgo direttamènte sùlla spi-àddscha*]

Ich möchte ein Einzelzimmer in einer Pension, in einer ruhigen Lage / etwas außerhalb der Ortschaft/direkt im Zentrum	Vorrei una singola in una pensione un po' tranquilla [*worrä:i ù:na ssìngola in ù:na penssi-ò:ne un pò trànkuìlla*] / un po' fuori dall'abitato [*un pò fu-ò:ri dallabità:to*] / in centro [*in tschèntro*]
Wie teuer ist es mit Vollpension / Halbpension / nur mit Frühstück?	Quanto costa con pensione completa / mezza pensione / la prima colazione soltanto? [*kuànto kòsta kòn penssi-ò:ne komplä:ta / mädsa penssi-ò:ne / là prì:ma kolatssi-ò:ne ssoltànto?*]
Das ist zu teuer. Ich möchte eine billigere Unterkunft.	È troppo caro. Vorrei una sistemazione meno cara. [*ä tròppo kà:ro; worrä:i ù:na ssistematssi-ò:ne mè:no kà:ra*]
Wieviel kostet ein Dreibettzimmer mit Frühstück?	quanto costa una camera a tre letti, prima colazione inclusa? [*kuànto kòsta ù:na kà:mera à trä lätti, prì:ma kolatssi-ò:ne inklù:sa?*]
Gut, ich nehme das Zimmer	Va bene, prendo la camera [*wà bè:ne, prändo là kà:mera*]
Sind im Preis die Mahlzeiten und die Bedienung inbegriffen?	I pasti e il servizio sono inclusi nel prezzo? [*i pàsti e il sserwìtssi-o ssò:no inklù:si nèl prätsso?*]
Haben Sie ein Zimmer für nur eine Nacht frei?	È libera una singola per una notte soltanto? [*ä lì:bera ù:na ssìngola pèr ù:na nòtte ssoltànto?*]
Wie lange bleiben Sie?	Quanto si ferma? [*kuànto ssi fèrma?*]
Eine Woche/Vierzehn Tage	Una settimana/quindici giorni [*ù:na settimà:na/kuìnditschi dschòrni*]
Verfügt Ihr Hotel über eine Garage?	L'albergo ha il garage? [*lalbärgo à il garà:dsche?*]
Mein Name ist ... Ich habe bei Ihnen zwei Zimmer bestellt.	Sono ... Ho prenotato due camere nel Vostro albergo [*ssò:no ... ò prenotà:to dù:e kà:mere nèl wòstro albärgo*]
Benötigen Sie meinen Personalausweis?	Le occorre la mia carta d'identità? [*lè okkòrre là mì:a kàrta didentità?*]
Brauchen Sie unsere Personalausweise?	Dobbiamo darLe i nostri documenti? [*dobbi-à:mo dàrle i nòstri dokumènti?*]
Können Sie mein Gepäck am Bahnhof abholen lassen? Hier ist der Aufbewahrungsschein.	Può far ritirare il mio bagaglio alla stazione? Qui è lo scontrino [*pu-ò fàr ritirà:re il mì:o bagàljo àlla statssi-òne? kuì ä lo skontrì:no*]
Können Sie mein Gepäck aufs Zimmer bringen lassen?	Può far portare il mio bagaglio in camera? [*pu-ò fàr portà:re il mì:o bagàljo in kà:mera?*]
Können Sie diese Wertgegenstände in den Safe einschließen?	Può mettere questi oggetti di valore in cassaforte? [*pu-ò mèttere kuèsti oddschätti di walò:re in kassafòrte?*]

WÄHREND DES AUFENTHALTS

Bitte bringen Sie mir das Frühstück / einen Aschenbecher / eine Rolle Toilettenpapier / eine Zeitung / ein Stück Seife	Per favore mi porti [*pèr fawò:re mi pòrti]* la prima colazione [*là prì:ma kolatssi-ò:ne*] / un portacenere [*ùn portatschè:nere*] / un rotolo di carta igienica [*ùn ròtolo di kàrta idschè:nika*] / un giornale [*un dschornà:le*] / una saponetta [*ù:na ssaponètta*]
Haben Sie unser Zimmer schon gemacht?	Ha già fatto la nostra camera? [*à dschà fàtto là nòstra kà:mera?*]
Ich benötige noch einige Kleiderbügel	Mi occorrono alcune grucce [*mi okkòrrono alkù:ne grùttsche*]
Ich möchte diesen Anzug chemisch reinigen lassen.	Vorrei far lavare a secco questo abito [*worrà̈:i fàr lawà:re à sèkko kuèsto àbito*]
Ich möchte etwas waschen lassen. Ist das möglich?	Vorrei far lavare qualcosa. È possibile? [*worrà̈:i fàr lawà:re kualkò:sa; à̈ possì:bile?*]
Kann ich ein zweites Kissen haben?	Posso avere un cuscino in più? [*pòsso awè:re un kuschì:no in pi-ù?*]
Kann ich telephonieren? Haben Sie ein Telephonbuch?	Posso telefonare? Ha un elenco abbonati? [*pòsso telefonà:re? à un elènko abbonà:ti?*]
Können Sie noch zehn Minuten warten?	Può aspettare dieci minuti? [*pu-ò aspettà:re di-è:tschi minù:ti?*]

BESCHWERDEN

Das Fenster schließt nicht	La finestra non chiude bene [*là finà̈stra nòn ki-ù:de bè:ne*]
Das Waschbecken ist verstopft	Il lavandino è intasato [*il lawandì:no à̈ intasà:to*]
Das Wasserrohr rinnt	Il tubo dell'acqua perde [*il tù:bo dellàkkua pà̈rde*]
Das Zimmer ist viel zu laut; kann ich ein ruhigeres bekommen?	La camera è troppo rumorosa; può darmi una più silenziosa? [*là kà:mera à̈ tròppo rumorò:sa; pu-ò dàrmi ù:na pi-ù ssilentssi-ò:sa?*]
Der Abfluß ist verstopft	Lo scarico è otturato [*lo skà:riko à̈ otturà:to*]
Der Wasserhahn tropft	Il rubinetto gocciola [*il rubinètto gòttschola*]
Die Glühbirne ist durchgebrannt	La lampadina è bruciata [*là lampadì:na à̈ brutschà:ta*]
Es fehlen ...	Non ci sono ... [*nòn tschì ssò:no ...*]
Es fehlt ...	Non c'è ... [*nòn tschà̈ ...*]
...funktioniert nicht	...non funziona [*nòn funtssi-ò:na*]
Ich möchte mit dem Direktor sprechen	Desidero parlare con il direttore [*desì:dero parlà:re kòn il direttò:re*]
Könnten Sie bitte die Handtücher/die Bettwäsche wechseln?	Può cambiare gli asciugamani/le lenzuola? [*pu-ò kambi-à:re lji aschugamà:ni/lè lentssu-ò:la?*]

ABREISE

Morgen früh reise ich ab	Domani mattina parto [*domà:ni mattì:na pàrto*]
Kann ich bitte die Rechnung haben?	Mi può fare il conto? [*mì pu-ò fà:re il kònto?*]
Kann ich mit einem Euroscheck zahlen?	Posso pagare con un eurocheque? [*pòsso pagà:re kòn un e-uroschäk?*]
Kann ich mit meiner Kreditkarte zahlen?	Posso pagare con la mia carta di credito? [*pòsso pagà:re kòn là mì:a kàrta di krè:dito?*]
Wecken Sie mich bitte um 6.00 Uhr	Mi svegli alle sei per favore [*mì swèlji àlle ssä-i pèr fawò:re*]
Bestellen Sie bitte für acht Uhr ein Taxi	Mi prenoti un tassì per le otto, per favore [*mì prenò:ti un tassì pèr le òtto per fawò:re*]
Können Sie mein Gepäck zum Bahnhof bringen lassen?	Può far portare il mio bagaglio alla stazione? [*pu-ò fàr portà:re il mì:o bagàljo àlla statssi-ò:ne?*]
Der Aufenthalt hier war sehr angenehm. Herzlichen Dank für alles!	Il soggiorno è stato molto piacevole. Tante grazie per tutto [*il ssoddschòrno ä stà:to mòlto pi-atschè:wole; tànte gràtssi-e pèr tùtto*]

CAMPING UND JUGENDHERBERGE

abmelden, sich	registrare la partenza [*redschistrà:re là partäntssa*]
anmelden, sich	registrare l'arrivo [*redschistrà:re larrì:wo*]
Aufenthaltsraum	soggiorno [*ssoddsschòrno*]
Ausrüstung	equipaggiamento [*ekuipaddschamènto*]
Besteck	posate [*posà:te*]
bestellen	ordinare [*ordinà:re*]
Bügeleisen	ferro da stiro [*färro dà stì:ro*]
bügeln	stirare [*stirà:re*]
Campingplatz	campeggio [*kampèddscho*]
ein Zelt abbrechen	smontare una tenda [*ssmontà:re ù:na tènda*]
ein Zelt aufschlagen	piantare una tenda [*pi-antà:re ù:na tènda*]
Eßsaal	refettorio [*refettò:ri-o*]
Feldbett	branda [*brànda*]
Flaschenöffner	apribottiglie [*apribottìlje*]
Gaskocher	fornello a gas [*fornèllo à gàss*]
Gaslampe	lampada a gas [*làmpada à gass*]
Gemeinschaftsraum	sala comune [*ssà:la komù:ne*]
Geschirr	stoviglie [*stowìlje*]
Hammer	martello [*martällo*]
Hängematte	amaca [*amà:ka*]
Herbergsausweis	tessera per l'ostello [*tässera pèr lostèllo*]
Herbergsvater	direttore dell'ostello [*direttò:re dellostèllo*]
Hering	picchetto [*pikkètto*]

Jugendherberge	ostello della gioventù [*ostèllo dèlla dschowentù*]
kochen	cucinare [*kutschinà:re*]
Luftmatratze	materasso gonfiabile [*materàsso gonfi-à:bile*]
Mitgliedsausweis	tessera [*tässera*]
Moskitonetz	zanzariera [*dsandsari-è:ra*]
Pflock	picchetto [*pikkètto*]
Preis pro Person und Tag	prezzo per persona e giorno [*prätsso pèr perssò:na e dschòrno*]
Preis für ein Auto pro Tag	prezzo per auto al giorno [*prätsso pèr à-uto al dschòrno*]
Rucksack	zaino [*dsà:ino*]
Schlafraum	dormitorio [*dormitò:ri-o*]
Schlafsack	sacco a pelo [*sàkko à pè:lo*]
Schraubenzieher	cacciavite [*kattschawì:te*]
Seil	corda [*kòrda*]
Spielplatz	campo giochi [*kàmpo dschò:ki*]
Taschenlampe	pila [*pì:la*]
Trinkwasser	acqua potabile [*àkkua potà:bile*]
Verbandkasten	cassetta di pronto soccorso [*kassètta di prònto sokkòrsso*]
Waschsalon	lavanderia a gettone [*lawanderì-a à dschettò:ne*]
Wohnwagen	roulotte [*ru:lòtt*]
Zelt	tenda [*tènda*]
zelten	accamparsi [*akkampàrssi*]
Zeltstange	paletto da tenda [*palètto dà tènda*]
Zeltstock	palo da tenda [*pà:lo dà tènda*]
Zeltwagen	carrello per tenda [*karrèllo pèr tènda*]
Ist hier in der Nähe eine Jugendherberge, ein Campingplatz?	C'è un ostello della gioventù / un campeggio qui vicino? [*tschä unostèllo dèlla dschowentù / un kampèddscho kuì witschì:no?*]
Sind noch Plätze frei?	Vi sono ancora dei posti liberi? [*wi ssò:no ankò:ra dè:i pòsti lì:beri?*]
Kann ich mit dem Wohnwagen noch Platz bekommen?	C'è ancora spazio per una roulotte? [*tschä ankò:ra spàtssi-o pèr ù:na ru:lòtt?*]
Wieviel kostet es pro Tag?	Quanto costa al giorno? [*kuànto kòsta àl dschòrno?*]
Ist der Campingplatz nachts bewacht?	Il campeggio è sorvegliato di notte? [*ìl kampèddscho ä ssorweljà:to dì nòtte?*]
Ist ein Supermarkt in der Nähe?	Nelle vicinanze c'è forse un supermercato? [*nèlle witschinàntsse tschä fòrsse un supermerkà:to?*]
Wo kann ich eine Gasflasche bekommen?	Dove si può prendere una bombola di gas? [*dò:we ssi pu-ò prèndere ù:na bòmbola di gàss?*]
Wo sind die Duschen/die Toiletten?	Dove sono le docce/i gabinetti? [*dò:we ssò:no le dòttsche/i gabinètti?*]

Wo sind Steckdosen?	Dove ci sono delle prese di corrente? [*dò:we tschi ssò:no dèlle prè:se di korrä̀nte?*]

FERIENWOHNUNGEN

Bad	bagno [*bànjo*]
Badeofen	scaldabagno [*skaldabànjo*]
Balkon	balcone [*balkò:ne*]
Bügeleisen	ferro da stiro [*fèrro dà stì:ro*]
Einrichtung	arredamento [*arredamènto*]
Elektroherd	cucina elettrica [*kutschì:na elèttrika*]
Erdgeschoß	pianterreno [*pi-anterrè:no*]
erster Stock	primo piano [*prì:mo pi-à:no*]
Fenster	finestra [*finä̀stra*]
Fensterscheibe	vetro [*wè:tro*]
Ferienwohnung	appartamento per le vancaze [*appartamènto pèr le wakàntsse*]
Fernseher	televisore [*telewisò:re*]
Flur	corridoio [*korridò:i-o*]
Fußboden	pavimento [*pawimènto*]
Gabel	forchetta [*forkètta*]
Garderobe	guardaroba [*gu-ardarò:ba*]
Gasherd	cucina a gas [*kutschì:na à gass*]
Geschirr	stoviglie [*stowìlje*]
Hausmeister	portinaio [*portinà:i-o*]; custode [*kustò:de*]
Heizung	riscaldamento [*riskaldamènto*]
Holz	legna [*lènja*]
kochen	cucinare [*kutschinà:re*]
Kochgeschirr	stoviglie da cucina [*stowìlje dà kutschì:na*]
Kochlöffel	ramaiolo [*rama-i-ò:lo*]
Kochnische	cucinotto [*kutschinòtto*]
Kochplatte	piastra [*pi-àstra*]
Kochtopf	pentola [*pèntola*]
Kredenz	credenza [*kredä̀ntssa*]
Küche	cucina [*kutschì:na*]
Kühlschrank	frigorifero [*frigorì:fero*]
Lampe	lampada [*làmpada*]
Messer	coltello [*koltèllo*]
Miete	affitto [*affìtto*]
Nudelsieb	colapasta [*kolapàsta*]
Ofen	stufa [*stù:fa*]
Pfanne	padella [*padä̀lla*]
Schalter	interruttore [*interruttò:re*]
Schere	forbici [*fòrbitschi*]
Schlafzimmer	camera da letto [*kà:mera dà lètto*]
Schloß	serratura [*sserratù:ra*]
Schlüssel	chiave [*ki-à:we*]
Schrank	armadio [*armà:di-o*]

Sieb	colino [*kolì:no*]
Sofa	divano [*diwà:no*]
Speisekammer	ripostiglio [*ripostìljo*]; dispensa [*dispänssa*]
Spiegel	specchio [*späkki-o*]
Strom	corrente elettrica [*korrènte elättrika*]
Stube	soggiorno [*ssodschòrno*]
Stuhl	sedia [*ssè:di-a*]
Tasse	tazza [*tàtssa*]
Teekanne	teiera [*te-i-è:ra*]
Teller	piatto [*pi-àtto*]
Teppich	tappeto [*tappè:to*]
Terrasse	terrazza [*terràtssa*]
Treppe	scala [*skà:la*]
Vorzimmer	anticamera [*antikà:mera*]
Wand	parete [*parè:te*]
Waschbekcen	lavello [*lawällo*]; lavandino [*lawandì:no*]
Wäsche	biancheria [*bi-ankerì:a*]
Wasserhahn	rubinetto [*rubinètto*]
Wohnung	appartamento [*appartamènto*]
zweiter Stock	secondo piano [*ssekòndo pi-à:no*]

Ich möchte diese Wohnung für drei Wochen mieten	Vorrei affittare questo appartamento per tre settimane [*worrä:i affittà:re kuèsto appartamènto pèr trä settimà:ne*]
Wieviel kostet sie pro Woche?	Quanto costa alla settimana? [*kuànto kòsta àlla ssettimà:na?*]
Sind außerdem noch Nebenkosten zu bezahlen?	Ci sono da pagare anche delle spese? [*tschi ssò:no dà pagà:re ànke dèlle spè:se?*]
Wird die Wäsche einmal wöchentlich gewechselt?	Viene cambiata la biancheria una volta alla settimana? [*wi-è:ne kambi-à:ta la bi-ankerì:a ù:na wòlta àlla ssettimà:na?*]
Können Sie mir jemanden vermitteln, der täglich eine Stunde saubermacht?	Può indicarmi qualcuno che riordina la casa tutti i giorni per un'ora? [*pu-ò indikàrmi kualkù:no kè ri-òrdina la kà:sa tùtti i dschòrni pèr unò:ra?*]
Ich möchte um eine weitere Woche verlängern	Vorrei fermarmi un'altra settimana [*worrä:i fermàrmi unàltra ssettimà:na*]

IX VERPFLEGUNG

Alle Gaststätten müssen ordnungsgemäße Rechnungen mit MWS ausstellen. Der Gast kann von der Finanzbehörde auch vor dem Lokal kontrolliert werden. Kann er die Quittung nicht vorweisen, muß auch er ein Bußgeld entrichten. In den Restaurants und Gasthäusern wird fast überall ein Festbetrag pro Gedeck in Rechnung gestellt (pane e coperto). Im Preis inbegriffen ist zumeist das Bedienungsgeld; trotzdem erwartet der Kellner ein Trinkgeld von etwa 10%. Lassen Sie sich nicht von Bezeichnungen wie Kneipe, Wirtshaus, Gasthaus irreführen. Manchmal sind dort die Preise höher als in einem schicken Restaurant.

Autobahnrestaurant	autogrill [*a-utogrìll*]
Bierkeller	birreria [*birrerì:a*]
Eisdiele	gelateria [*dschelaterì:a*]
Gasthaus	trattoria [*trattorì:a*]
Gastwirtschaft	osteria [*osterì:a*]
Grill-room	rosticceria [*rostitscherì:a*]
Imbißstube	tavola calda [*tà:wola kàlda*]
Kaffeehaus	caffè [*kaffè*]
Kneipe	bettola [*bèttola*]; osteria [*osterì:a*]
Konditorei	pasticceria [*pastittscherì:a*]
Pizzeria	pizzeria [*pitsserì:a*]
Restaurant	ristorante [*ristorànte*]
Restaurant im Bauernstil	taverna [*tawårna*]
Stehbar	bar [*bàr*]
Wirtshaus	locanda [*lokànda*]

Essenszeiten: Frühstück von 7.30/8.00 Uhr bis 10.00 Uhr
Mittagessen von 12.00/12.30 Uhr bis 14.00/15.00 Uhr
Abendessen von 18.30/19.30 Uhr bis 22.00 Uhr

Abendessen	cena [*tschè:na*]
Besteck	posate [*posà:te*]
Brot	pane [*pà:ne*]
Brotkörbchen	cestino del pane [*tschestì:no dèl pà:ne*]
Eierbecher	portauova [*porta-u-ò:wa*]
Essig	aceto [*atschè:to*]
Eßlöffel	cucchiaio [*kukki-à:i-o*]
Flasche	bottiglia [*bottìlja*]
Flaschenöffner	apribottiglie [*apribottìlje*]
Frühstück	prima colazione [*prì:ma kolatssi-ò:ne*]
Gabel	forchetta [*forkètta*]
Gedeck	coperto [*kopårto*]
Glas	bicchiere [*bikki-è:re*]
Kaffeekanne	caffettiera [*kaffetti-è:ra*]
Kellner	cameriere [*kameri-è:re*]

Kellnerin	cameriera [*kameri-è:ra*]; signorina [*sinjorì:na*]
Koch	cuoco [*ku-ò:ko*]
Korkenzieher	cavatappi [*kawatàppi*]
Krug	brocca [*bròkka*]
Messer	coltello [*koltàllo*]
Mittagessen	pranzo [*pràndso*]; colazione [*kolatssi-ò:ne*]
Nußknacker	schiaccianoci [*skiattschanò:tschi*]
Ober	capocameriere [*kapokameri-è:re*]
Öl	olio [*òli-o*]
Pfeffer	pepe [*pè:pe*]
Pfeffermühle	macinino del pepe [*matschinì:no dèl pè:pe*]
Salz	sale [*ssà:le*]
Salzstreuer	saliera [*ssali-è:ra*]
Sauce	salsa [*ssàlssa*]
Sektglas	calice da spumante [*kà:litsche dà spumànte*]
Senf	senape [*ssènape*]
Serviette	tovagliolo [*towaljò:lo*]
Stuhl	sedia [*ssèdi-a*]
Suppenschüssel	zuppiera [*dsuppi-è:ra*]
Suppenteller	piatto fondo [*pi-àtto fòndo*]
Tablett	vassoio [*wassò:i-o*]
Tasse	tazza [*tàtssa*]
Teekanne	teiera [*te-i-è:ra*]
Teelöffel	cucchiaino [*kukki-a-ì:no*]
Teller	piatto [*pi-àtto*]
Tisch	tavolo [*tàwolo*]
Tischdecke	tovaglia [*towàlja*]
Untertasse	piattino [*pi-attì:no*]
Wasserglas	bicchiere da acqua [*bikki-è:re dà àkkua*]
Weinglas	bicchiere da vino [*bikki-è:re dà wì:no*]
Zitrone	limone [*limò:ne*]
Zucker	zucchero [*dsùkkero*]
Zuckerdose	zuccheriera [*dsukkeri-è:ra*]

ZUBEREITUNGSARTEN

am Spieß	allo spiedo [*àllo spi-è:do*]
durchgebraten	ben cotto [*bèn kòtto*]
fast roh	al sangue [*àl ssàngu-e*]
gebacken	fritto [*frìtto*]
gebraten	arrosto [*arròsto*]
gebraten, im Ofen	al forno [*àl fòrno*]
gefüllt	farcito [*fartschì:to*]; ripieno [*ripi-è:no*]
gegrillt	ai ferri [*à-i fàrri*]
gekocht	lesso [*lèsso*]; bollito [*bollì:to*]
gepökelt	in salamoia [*ìn ssalamò:i-a*]
geräuchert	affumicato [*affumikà:to*]

geschmort	brasato [*brasà:to*]
halb gar	medio [*mȁdi-o*]; a puntino [*à puntì:no*]; al dente [*àl dènte*]
hart gekocht	sodo [*ssò:do*]
mariniert	marinato [*marinà:to*]
pochiert	affogato [*affogà:to*]; in umido [*ìn ù:mido*]
überbacken	gratinato [*gratinà:to*]
weich gekocht speise	alla coque [*àlla kòk*]

VORSPEISEN

Artischocken	carciofi [*kartschò:fi*]
Aufschnitt	affettati misti [*affettà:ti mìsti*]
Austern	ostriche [*òstrike*]
Essiggemüse	sottaceti [*sottatschè:ti*]
Garnelen	gamberetti [*gamberètti*]
Gemischte Vorspeisen	antipasto misto [*antipàsto mìsto*]
Gemischte Gemüsevorspeisen	antipasto misto di verdure [*antipàsto mìsto dì werdù:re*]
Gepökelte Zunge	lingua salmistrata [*lìngu-a ssalmistrà:ta*]
gesalzenes und getrocknetes Rindfleisch	bresaola [*bresà:ola*]
Italienischer Salat	insalata russa [*inssalà:ta rùssa*]
Kaviar	caviale [*kawi-à:le*]
Leberpastete	paté di fegato [*patè di fè:gato*]
Meeresfrüchte, gemischt	antipasto di frutti di mare [*antipàsto di frùtti di mà:re*]; insalata di mare [*inssalà:ta di mà:re*]
Mozzarellakäse mit Tomaten, Basilikum, Pfeffer und Öl	mozzarella con pomodori [*motssarèlla kòn pomodò:ri*]
Oliven	olive [*olì:we*]
Parmaschinken	prosciutto crudo di Parma [*proschùtto krù:do di Pàrma*]
Parmaschinken mit Zuckermelone	prosciutto con melone [*proschùtto kòn melò:ne*]
Räucherlachs	salmone affumicato [*ssalmò:ne affumikà:to*]
Salami	salame [*ssalà:me*]
Sardelle	acciuga [*attschù:ga*]
Schinken, gekocht	prosciutto cotto [*proschùtto kòtto*]
Schinken, roh	prosciutto crudo [*proschùtto krù:do*]
Thunfisch	tonno [*tònno*]

SUPPEN, NUDEL- UND REISGERICHTE: EINE KLEINE AUSWAHL

Bohnensuppe	minestra di fagioli [*minȁstra di fadschò:li*]

Fleischbrühe	brodo di carne [*brò:do di kàrne*]
Gemüsesuppe	minestrone [*minestrò:ne*]
Hühnerbrühe	brodo di pollo [*brò:do di pòllo*]
Nudeln mit Basilikumsauce	spaghetti al pesto [*spagètti àl pèsto*]
Nudeln/Reis mit Butter und Käse	pasta/riso in bianco [*pàsta/rì:so in bi-ànko*]; al burro [*àl bùrro*]
Nudeln mit Fleischsauce	pasta al ragù [*pàsta àl ragù*]
Nudeln mit Tomatensauce	pasta al pomodoro [*pàsta al pomodò:ro*]
Nudeln mit Tomaten, roten Paprikaschoten, Speck, Zwiebeln, Knoblauch	spaghetti all'amatriciana [*spagètti allamatritschà:na*]
Nudelsuppe mit weißen Bohnen	pasta e fagioli [*pàsta e fadschò:li*]
Panadelsuppe	zuppa pavese [*dsùppa pawè:se*]
Reis mit Meeresfrüchten	risotto alla pescatora [*risòtto àlla peskatò:ra*]
mit Pilzen	risotto con funghi [*risòtto kòn fùngi*]
mit Safran	risotto alla milanese [*risòtto àlla milanè:se*]
Spargelsuppe	crema di asparagi [*krä̀ma di aspàradschi*]
Spinatnudeln	tagliatelle verdi [*taljatèlle wèrdi*]

FLEISCH

Beefsteak	bistecca di manzo [*bistèkka di màndso*]
Bratwurst	salsiccia ai ferri [*ssalssìtscha à-i fä̀rri*]
Filet	filetto [*filètto*]
Frikadellen	polpette [*polpètte*]
Gekochtes Rindfleisch	bollito [*bollì:to*]
Gulasch	spezzatino [*spetssatì:no*]
Hirn	cervello [*tscherwä̀llo*]
Kalbfleisch in Thunfischsauce	vitello tonnato [*witä̀llo tonnà:to*]
Kalbsbraten	arrosto di vitello [*arròsto di witä̀llo*]
Kalbsniere	rognone di vitello [*ronjò:ne di witä̀llo*]
Kalbsschnitzel	scaloppina [*skaloppì:na*]
Kalbsstelze	ossobuco [*ossobù:ko*]
Kaldaunen, Kutteln	trippa [*trìppa*]
Kitzbraten	capretto arrosto [*kaprètto arròsto*]
Kotelett	braciola [*bratschò:la*]
Lamm	agnello [*anjä̀llo*]
Leber	fegato [*fègato*]
Lendenbraten	lombata [*lombà:ta*]
Rindersteak	costata di manzo [*kostà:ta di màndso*]
Rindsbraten	brasato [*brasà:to*]
Rostbraten	braciola di manzo [*bratschò:la di màndso*]
Rouladen	involtini [*inwoltì:ni*]

Schweinsbraten	arrosto di maiale [*arròsto di ma-i-à:le*]
Schweinshaxe	zampone [*dsampò:ne*]
Spießchen	spiedini [*spi-edì:ni*]
Weißwurst	salsiccia bianca [*ssalssìtscha bi-ànka*]
Wiener Schnitzel	costoletta alla milanese [*kostolètta àlla milanè:se*]
Zunge	lingua [*lìngu-a*]

GEFLÜGEL UND WILD

Brathuhn	pollo arrosto [*pòllo arròsto*]
Ente	anitra [*ànitra*]
Fasan	fagiano [*fadschà:no*]
Gemse	camoscio [*kamòscho*]
Hase, gedünstet	coniglio in umido [*konìljo in ù:mido*]
Huhn, gekocht	pollo bollito [*pòllo bollì:to*]
Jägerhuhn	pollo alla cacciatora [*pòllo àlla kattschatò:ra*]
Perlhuhn	faraona [*fara-ò:na*]
Rebhuhn	pernice [*pernì:tsche*]
Rehbraten	capriolo arrosto [*kapri-ò:lo arròsto*]
Truthahn	tacchino [*takkì:no*]
Wachtel	quaglia [*kuàlja*]
Wildschwein	cinghiale [*tschingi-à:le*]

FISCH UND MEERESFRÜCHTE

Aal	anguilla [*angu-ìlla*]
Austern	ostriche [*òstrike*]
Fischsuppe	zuppa di pesce [*dsùppa di pè:sche*]
Flußbarsch	pesce persico [*pè:sche pärsiko*]
Forelle	trota [*trò:ta*]
Garnele	gamberetto [*gamberètto*]
Goldbrasse	orata [*orà:ta*]
Hecht	luccio [*lùttscho*]
Hering	aringa [*arìnga*]
Junge Tintenfische	calamaretti [*kalamarètti*]
Hummer	astice [*àstitsche*]
Kabeljau	merluzzo [*merlùtsso*]
Karpfen	carpa [*kàrpa*]
Krebse	gamberi [*gàmberi*]
Lachs	salmone [*ssalmò:ne*]
Languste	aragosta [*aragòsta*]
Makrele	sgombro [*sgòmbro*]
Miesmuscheln	cozze [*kòtsse*]
Rochen	razza [*ràdsa*]
Rotbarbe	triglia [*trìlja*]
Sardine	sardina [*ssardì:na*]
Schwertfisch	pesce spada [*pè:sche spà:da*]
Seebarsch	spigola [*spìgola*]

Seehecht	nasello [*nasèllo*]
Seeigel	ricci di mare [*rìttschi di mà:re*]
Seezunge	sogliola [*ssòljola*]
Steinbutt	rombo [*ròmbo*]
Stockfisch	baccalà [*bakkalà*]
Tintenfisch	seppia [*sèppi-a*]; calamaro [*kalamà:ro*]
Venusmuscheln	vongole [*wòngole*]
Zahnbrasse	dentice [*dèntitsche*]

EIERSPEISEN

Ei/Eier	uovo/uova [*u-ò:wo/u-ò:wa*]
hartgekochtes Ei	uovo sodo [*u-ò:wo ssò:do*]
Omelette	frittata [*frittà:ta*]
Rühreier	uova strapazzate [*u-ò:wa strapatssà:te*]
Schinkenomelette	frittata con prosciutto [*frittà:ta kòn proschùtto*]
Spiegeleier	uova al tegame [*u-ò:wa àl tegà:me*]
weichgekochtes Ei	uovo alla coque [*u-òwo àlla kòk*]

GEMÜSE

Artischocke	carciofo [*kartschò:fo*]
Aubergine	melanzana [*melandsà:na*]
Blumenkohl	cavolfiore [*kawolfi-ò:re*]
Bohnen	fagioli [*fadschò:li*]
Chicorée	cicoria [*tschikò:ri-a*]
Erbsen	piselli [*pisȁlli*]
Fenchel	finocchio [*finòkki-o*]
Gartenkürbis	zucchino [*dsukkì:no*]
Grüne Bohnen	fagiolini [*fadscholì:ni*]
Grünkohl	verza [*wèrdsa*]
Gurke	cetriolo [*tschetri-ò:lo*]
Karotte	carota [*karò:ta*]
Kartoffel	patata [*patà:ta*]
Kichererbsen	ceci [*tschè:tschi*]
Kohl	cavolo [*kà:wolo*]
Kürbis	zucca [*dsùkka*]
Lauch	porro [*pòrro*]
Linsen	lenticchie [*lentìkki-e*]
Paprikaschoten	peperoni [*peperò:ni*]
Pilze	funghi [*fùngi*]
Radieschen	ravanello [*rawanȁllo*]
Rosenkohl	cavoletti di Bruxelles [*kawolètti di brüsȁll*]
Rote Rübe	barbabietola [*barbabi-è:tola*]
Salat	insalata [*inssalà:ta*]
Saubohnen	fave [*fà:we*]
Sellerie	sedano [*ssè:dano*]

Spargel	asparago/asparagi [*aspàrago/aspàradschi*]
Spinat	spinaci [*spinà:tschi*]
Steinpilz	porcino [*portschì:no*]
Tomate	pomodoro [*pomodò:ro*]
Zwiebel	cipolla [*tschipòlla*]

GEWÜRZE UND KRÄUTER

Basilikum	basilico [*basì:liko*]
Gewürznelke	chiodo di garofano [*ki-ò:do di garò:fano*]
Kaper	cappero [*kàppero*]
Knoblauch	aglio [*àljo*]
Lorbeer	lauro [*là-uro*]
Majoran	maggiorana [*madschorà:na*]
Muskatnuß	noce moscata [*nò:tsche moskà:ta*]
Petersilie	prezzemolo [*pretssè:molo*]
Pfeffer	pepe [*pè:pe*]
Rosmarin	rosmarino [*rosmarì:no*]
Safran	zafferano [*dsafferà:no*]
Salz	sale [*ssà:le*]
Thymian	timo [*tì:mo*]
Wilder Majoran	origano [*orì:gano*]
Zimt	cannella [*kannèlla*]

KÄSE

Büffelmilchkäse	mozzarella di bufala [*motssarèlla di bù:fala*]
Edelpilzkäse	gorgonzola [*gorgondsò:la*]
Fettkäse	formaggio grasso [*formàdscho gràsso*]
Frischkäse	formaggio fresco [*formàdscho frèsko*]
Käseeckchen	formaggino [*formadschì:no*]
Hartkäse	formaggio a pasta dura [*formàdscho à pàsta dù:ra*]
Magerkäse	formaggio magro [*formàdscho mà:gro*]
Molkenkäse	ricotta [*rikòtta*]
Parmesankäse	parmigiano [*parmidschà:no*]
Schafkäse	pecorino [*pekorì:no*]
Streichkäse	formaggio da spalmare [*formàdscho dà spalmà:re*]
Weichkäse	formaggio tenero [*formàdscho tè:nero*]
Ziegenkäse	caprino [*kaprì:no*]

OBST

Apfel	mela [*mè:la*]
Apfelsine	arancia [*aràntscha*]
Aprikose	albicocca [*albikòkka*]

Banane	banana [*banà:na*]
Birne	pera [*pè:ra*]
Blaubeere	mirtillo [*mirtìllo*]
Bratapfel	mela al forno [*mè:la àl fòrno*]
Brombeere	mora [*mò:ra*]
Datteln	datteri [*dàtteri*]
Erdbeeren/mit Sahne	fragole/con panna [*frà:gole/kòn pànna*]
Feige	fico [*fì:ko*]
Haselnuß	nocciola [*notschò:la*]
Himbeeren	lamponi [*lampò:ni*]
Johannisbeere	ribes [*rì:bess*]
Kastanie	castagna [*kastànja*]
Kirsche	ciliegia [*tschili-è:dscha*]
Kokosnuß	noce di cocco [*nò:tsche di kòkko*]
Kompott	frutta cotta [*frùtta kòtta*]
Mandeln	mandorle [*màndorle*]
Obst	frutta [*frùtta*]
Obstsalat	macedonia di frutta [*matschedò:ni-a di frùtta*]
Pflaume	prugna [*prùnja*]
Pfirsich	pesca [*pèska*]
Quitte	mela cotogna [*mè:la kotònja*]
Pampelmuse	pompelmo [*pompälmo*]
Stachelbeere	uva spina [*ù:wa spì:na*]
Trockenobst	frutta secca [*frùtta sèkka*]
Walnuß	noce [*nò:tsche*]
Wassermelone	anguria [*angù:ri-a*]
Weintraube	uva [*ù:wa*]
Zitrone	limone [*limò:ne*]
Zuckermelone	melone [*melò:ne*]

SÜSSSPEISEN

Apfelkuchen	torta di mele [*tòrta di mè:le*]
Eis	gelato [*dschelà:to*]
Halbgefrorenes	semifreddo [*ssemifrèddo*]
Halbgefrorenes mit Kaffee	affogato al caffè [*affogà:to al kaffè*]
Kremschnitten	mille foglie [*mìlle fòlje*]
Mürbteigkuchen	crostata [*krostà:ta*]
Pudding	budino [*budì:no*]
Schlagsahne	panna montata [*pànna montà:ta*]
Schokoladentorte	torta di cioccolato [*tòrta di tschokkolà:to*]

EIS

Becher	coppa [*kòppa*]
Eis mit Sahne	gelato con panna [*dschelà:to kòn pànna*]
gekörntes Fruchteis	granita [*granì:ta*]

gemischtes Eis	gelato misto [*dschelà:to mìsto*]
Halbgefrorenes	semifreddo [*ssemifrèddo*]
Tüte	cono [*kò:no*]

GASTRONOMISCHE SPEZIALITÄTEN

Emilia

Tagliatelle alla bolognese [*taljatèlle àlla bolonjè:se*]	Eierbandnudeln mit Bologneser Sauce und Parmesankäse
Tortellini [*tortellì:ni*]	mit Fleisch, Eiern und Gewürzen gefüllte Teigtäschchen
Zampone [*dsampò:ne*]	langsam gekochte (fertig gekaufte) Schweinshaxe

Campania

Maccheroni pomodoro e basilico [*makkerò:ni pomodò:ro e basìliko*]	Makkaroni mit Sauce aus frischen Tomaten und Basilikum
Maccheroni alle vongole [*makkerò:ni àlle wòngole*]	Makkaroni mit einer Sauce aus Muscheln, Knoblauch, Öl und Petersilie
Pizza napoletana [*pìtssa napoletà:na*]	mit Sardellen, Tomaten, Käse, Oliven, wildem Majoran, Salz und Olivenöl belegter, im Ofen gebackener Brotteig

Lazio

Carciofi alla romana [*kartschò:fi àlla romà:na*]	mit Sardellen, Zwiebeln, Knoblauch und Brotbröseln gefüllte, gedünstete Artischocken
Saltimbocca alla romana [*ssaltimbòkka àlla romà:na*]	Kalbsschnitzel mit Schinken und Salbei
Spaghetti all'amatriciana [*spagètti allamatritschà:na*]	Nudeln mit einer Sauce aus Tomaten, Zwiebeln und durchwachsenem Speck und mit geriebenem Schafkäse

Liguria

Minestrone alla genovese [*minestrò:ne àlla dschenowè:se*]	dicke Gemüsesuppe mit viel Basilikum und kleinen Nudeln
Trenette al pesto [*trenètte àl pèsto*]	kleine Teigwaren mit der typischen Genueser Sauce "pesto" aus Basilikum, Olivenöl, Nüssen und Knoblauch

Lombardia

Cassola [*kassò:la*]	Eintopf aus verschiedenen Fleischsorten und Grünkohl

Ossobuco [*ossobù:ko*]	in dicke Scheiben geschnittene, geschmorte Kalbsstelzen
Risotto alla milanese [*risòtto àlla milanè:se*]	mit Safran gedünsteter Reis

Piemonte

Agnelotti [*anjelòtti*]	mit pikant gewürztem Fleisch gefüllte Teigtaschen mit Käse und brauner Butter
Bagnacauda [*banjacà-uda*]	Sauce aus Öl, Butter, Sardellen, Knoblauch und Trüffeln, die zu Artischocken und Sellerie gereicht wird
Fonduta [*fondù:ta*]	kleinwürfelig geschnittener, mit Milch und Eidotter verrührter Weichkäse, der auf schwachem Feuer gekocht sowie mit weißen Trüffeln bestreut wird

Sardegna

Porchetta [*porkètta*]	am Rost gebratenes Spanferkel

Sicilia

Caponata [*caponà:ta*]	mit Tomatenmark, Kapern und Oliven gebackene Auberginen und Sellerie

Toscana

Arista [*àrista*]	gebratene, dann meist kalt gegessene Schweinslende
Bistecca alla fiorentina [*bistàkka àlla fi-orentì:na*]	auf Holzkohle gegrilltes Rindersteak

Umbria

Tartufi neri [*tartù:fi nè:ri*]	Schwarze Trüffeln

Veneto

Baccalà alla vicentina [*bakkalà àlla witschentì:na*]	zunächst gekochter, dann in einer Kasserolle mit Sardellen, Zwiebeln, Petersilie, Knoblauch, Weißwein und Milch im Ofen gedünsteter Stockfisch
Fegato alla veneziana [*fègato àlla wenetssi-à:na*]	mit Zwiebeln, Pfeffer und Majoran geröstete, feingeschnittene Kalbsleber

GETRÄNKE

ALKOHOLISCHE GETRÄNKE

Aperitif	aperitivo [*aperitì:wo*]
Bier	birra [*bìrra*]

Bier vom Faß	birra alla spina [*bìrra àlla spì:na*]
dunkles Bier	birra scura [*bìrra skù:ra*]
Glühwein	vin brulé [*wì:n brulè*]
helles Bier	birra chiara [*bìrra ki-à:ra*]
Likör	liquore [*likuò:re*]
Malzbier	birra al malto [*bìrra àl màlto*]
Prickelnder Wein	frizzante [*fritssànte*]
Rotwein	vino rosso [*wì:no ròsso*]
Schnaps	grappa [*gràppa*]
Sekt	spumante [*spumànte*]
trockener Wein	vino secco [*wì:no sèkko*]
Wein	vino [*wì:no*]
Weißwein	vino bianco [*wì:no bi-ànko*]

ALKOHOLFREIE KALTE GETRÄNKE

alkoholfreier Aperitif	analcolico [*analkò:liko*]
Apfelsaft	succo di mela [*ssùkko di mè:la*]
Eismixgetränk	frappé [*frappè*]
Fruchtsaft	succo di frutta [*ssùkko di frùtta*]
Limo	gassosa [*gassò:sa*]
Milchmixgetränk	frappè di latte [*frappè di làtte*]
Mineralwasser mit Kohlensäure	acqua minerale gassata [*àkkua minerà:le gassà:ta*]
Mineralwasser ohne Kohlensäure	acqua minerale naturale [*àkkua minerà:le naturà:le*]
Obstmixgetränk	frullato di frutta [*frullà:to di frùtta*]
Orangeade	aranciata [*arantschà:ta*]
Orangensaft	spremuta d'arancia [*spremù:ta daràntscha*]
Traubensaft	succo d'uva [*ssùkko dù:wa*]
Wasser	acqua [*àkkua*]
Zitronenlimonade	spremuta di limone [*spremù:ta di limò:ne*]

WARME GETRÄNKE

großer schwarzer Kaffee mit etwas heißer Milch	cappuccino [*kapputtschì:no*]
Kaffee	caffé [*kaffà*]
Kaffee mit Sahne	caffé con panna [*kaffà kòn pànna*]
Kamillentee	camomilla [*kamomìlla*]
kleiner schwarzer Kaffee mit wenig Milch	macchiato [*makki-à:to*]
Milchkaffee	caffellatte [*kaffellàtte*]
Milch mit einem Schuß Kaffee	latte macchiato [*làtte makki-à:to*]
Schokolade	cioccolata [*tschokkolà:ta*]
Tee mit Milch	tè al latte [*tà àl làtte*]
Tee mit Zitrone	tè al limone [*tà àl limò:ne*]

IM RESTAURANT

Für morgen abend um acht möchte ich einen Tisch für vier Personen reservieren	Per domani sera alle otto vorrei prenotare un tavolo per quattro persone [*pèr domà:ni ssè:ra àlle òtto worrä:i prenotà:re ùn tà:wolo pèr kuàttro perssò:ne*]
Können Sie mir ein Restaurant/eine Imbißstube empfehlen?	Può consigliarmi un ristorante/una tavola calda? [*pu-ò konsiljàrmi ùn ristorànte/ù:na tà:wola kàlda?*]
Wo kann ich gut, aber nicht zu teuer essen?	Dove si mangia bene non pagando eccessivamente? [*dò:we ssi màndscha bè:ne nòn pagàndo etschessiwamènte?*]
Bringen Sie mir bitte die Speise- und die Weinkarte	Mi porti per favore il menù e la lista dei vini [*mì pòrti pèr fawò:re ìl menù e là lìsta dè:i wì:ni*]
Gibt es auch einen Kinderteller?	C'è anche un piatto speciale per i bambini? [*tschä ànke ùn pi-àtto spetschà:le pèr i bambì:ni?*]
Was empfehlen Sie uns?	Che cosa ci consiglia? [*kèkò:sa tschì konssìlja?*]
Wir möchten	Vorremmo ... [*worrèmmo ...*]
Bringen Sie uns bitte ...	Ci porti per favore ... [*tschì pòrti pèr fawò:re ...*]
Die Rechnung bitte	Il conto per favore [*il kònto pèr fawò:re*]
Ist die Bedienung inbegriffen?	È compreso il servizio? [*ä komprè:so il sserwìtssi-o?*]
Kann ich mit dieser Kreditkarte bezahlen?	Posso pagare con questa carta di credito? [*pòsso pagà:re kòn kuèsta kàrta di krèdito?*]

Beschwerden

Das Gemüse ist versalzen	La verdura è troppo salata [*là werdù:ra ä tròppo ssalà:ta*]
Die Rechnung kann nicht richtig sein	Il conto non può essere giusto [*ìl kònto nòn pu-ò ässere dschùsto*]
Dieses Glas ist schmutzig	Questo bicchiere è sporco [*kuèsto bikki-è:re ä spòrko*]
Die Suppe ist kalt	Il brodo è freddo [*ìl brò:do ä frèddo*]
Ich möchte mit dem Direktor sprechen	Vorrei parlare con il direttore [*worrä:i parlà:re kòn il direttò:re*]
Können Sie mir etwas anderes bringen. Dieses Schnitzel ist ungenießbar.	Può portarmi qualcos'altro. Questa scaloppina è immangiabile [*pu-ò portàrmi kualkosàltro. kuèsta skaloppì:na ä immandschà:bile*]

IM KAFFEEHAUS (BAR)

Besorgen Sie sich bitte den Kassenbon	Ritiri lo scontrino alla cassa, per favore [*ritì:ri lo skontrì:no àlla kàssa pèr fawò:re*]

Einen "cappuccino" und ein Hörnchen, bitte	Un cappuccino e una brioche per favore [*ùn kaputtschì:no e ù:na bri-òsch pèr fawò:re*]
Ein Glas Weißwein und ein kleines helles Bier	Un bicchiere di vino bianco e una birra chiara piccola [*ùn bikki-è:re di wì:no bi-ànko e ù:na bìrra ki-à:ra pìkkola*]
Kann ich auch ein belegtes Brot mit Schinken haben?	Posso avere un panino con prosciutto cotto, per favore? [*pòsso awè:re un panì:no kòn proschùtto kòtto, pèr fawò:re?*]
Noch ein Glas Wein, bitte	Un altro bicchiere di vino, per favore [*unàltro bikki-è:re di wì:no pèr fawò:re*]
Und eine Tasse Tee mit Zitrone und ein Stück Apfelkuchen	E una tazza di tè al limone e una fetta di torta di mele [*e ù:na tàtssa di tä àl limò:ne e ù:na fètta dì tòrta di mè:le*]

X EINKÄUFE UND DIENSTLEISTUNGEN

GESCHÄFTE

Andenkenladen	negozio di souvenirs [*negòtssi-o di suwenì:rs*]
Antiquitäten	antichità [*antikità*]
Apotheke	farmacia [*farmatschì:a*]
Aquarien und Zubehör	acquari ornamentali e accessori [*akuà:ri ornamentà:li e attschessò:ri*]
Artikel für Raucher	articoli per fumatori [*artì:koli pèr fumatò:ri*]
Bäckerei	panetteria; forno [*panetterì:a; fòrno*]
Bekleidung	abbigliamento [*abbiljamènto*]
Blumenhandlung	fioraio; fiori e piante [*fi-orà-i-o; fi-ò:ri e pi-ànte*]
Buchbinderei	legatoria [*legatorì:a*]
Buchhandlung	libreria [*librerì:a*]
Chemische Reinigung	tintoria [*tintorì:a*]
Damenbekleidung	abbigliamento donna [*abbiljamènto dònna*]
Damenfriseur	parrucchiere per signora [*parrukki-è:re pèr sinjò:ra*]
Feinkosthandlung	salumeria [*ssalumerì:a*]
Fischmarkt	mercato del pesce [*merkà:to del pèsche*]
Fleischhauerei	macelleria [*matschellerì:a*]
Fotogeschäft	laboratorio fotografico [*laboratò:ri-o fotogrà:fiko*]
Gemüsehandlung	frutta e verdura [*frùtta e werdù:ra*]
Geschenkartikel	articoli da regalo [*artì:koli da regà:lo*]
Goldschmiedeladen	oreficeria [*orefitscherì:a*]
Haushaltsgeräte	elettrodomestici [*elättrodomàstitschi*]
Herrenbekleidung	abbigliamento per uomo [*abbiljamènto pèr u-ò:mo*]
Herrenfriseur	barbiere; parrucchiere per uomo [*barbi-è:re; parrukki-è:re pèr u-ò:mo*]
Jagd- und Fischereiartikel	caccia e pesca [*kàttscha e pèska*]
Juweliergeschäft	gioielleria [*dscho-i-ellerì:a*]
Kaufhaus	grande magazzino [*grànde magadsì:no*]
Kellerei	cantina sociale [*kantì:na ssotschà:le*]
Kinderbekleidung	abbigliamento per bambini [*abbiljamènto pèr bambì:ni*]
Konditorei	pasticceria [*pastittscherì:a*]
Korbflechterei	cesteria [*tschesterì:a*]
Kosmetiksalon	istituto di bellezza [*istitù:to di bellètssa*]
Kunstgalerie	galleria d'arte [*gallerì:a dàrte*]
Kurzwaren	merceria [*märtscherì:a*]
Lebensmittelgeschäft	generi alimentari [*dschèneri alimentà:ri*]

Lederwaren	pelletteria [*pelletterì:a*]
Markt	mercato [*merkà:to*]
Milchhandlung	latteria [*latterì:a*]
Modesalon	boutique [*butì:k*]
Molkereiprodukte	formaggi e latticini [*formàddschi e lattitschì:ni*]
Optiker	ottico [*òttiko*]
Papier- und Schreibwarenhandlung	cartoleria [*kartolerì:a*]
Parfümerie	profumeria [*profumerì:a*]
Pelzhandlung	pellicceria [*pellitscherì:a*]
Reformhaus	erboristeria [*erboristerì:a*]
Reiseagentur	agenzia viaggi [*adschentssì:a wi-àddschi*]
Restaurateur	restauratore d'arte [*restauratò:re dàrte*]
Schmuck-Imitationen	bigiotteria [*bidschotterì:a*]
Schneiderei	sartoria [*ssartorì:a*]
Schuhgeschäft	calzaturificio [*kaltssaturifì:tscho*]
Schuster	calzolaio [*kaltssolà:i-o*]
Spielwaren	giocattoli [*dschokàttoli*]
Sportartikel	articoli sportivi [*artì:koli sportì:wi*]
Strickwaren	maglieria [*maljerì:a*]
Tabakladen	tabaccheria [*tabakkerì:a*]
Trödler	rigattiere [*rigatti-è:re*]
Uhrmacher	orologiaio [*orolodschà:i-o*]
Wäscherei	lavanderia [*lawanderì:a*]
Weinhandlung	fiaschetteria [*fi-asketterì:a*]
Zeitungshändler	giornalaio [*dschornalà:i-o*]
Zeitungskiosk	edicola [*edì:kola*]

BEIM BÄCKER

Brotlaib	pagnotta [*panjòtta*]
Brötchen	panino [*panì:no*]
Hefe	lievito [*li-èwito*]
Kekse	biscotti [*biskòtti*]
Mehl	farina [*farì:na*]
Roggenbrot	pane di segale [*pà:ne dì ssègale*]
Semmelbrösel	pangrattato [*pangrattà:to*]
Vollkornbrot	pane integrale [*pà:ne integrà:le*]
Zwieback	fette biscottate [*fètte biskottà:te*]

BEKLEIDUNG

Anorak	giacca a vento [*dschàkka a wènto*]
Anzug	completo [*komplà:to*]
Ärmel	manica [*mànika*]
ärmellos	senza maniche [*ssàntssa mà:nike*]
Ausschnitt	scollatura [*skollatù:ra*]
Badeanzug	costume da bagno [*kostù:me dà bànjo*]
Badehaube	cuffia [*kùffi-a*]
Badehose	pantaloncini da bagno [*pantalontschì:ni da bànjo*]
Bademantel	accappatoio [*akkappatò:i-o*]

Baumwolle	cotone [*kotò:ne*]
Baumwollpulli	pullover di cotone [*pullò:wer di kotò:ne*]
Bluse	camicetta [*kamitschètta*]
bügelfrei	che non si deve stirare [*kè nòn ssi dè:we stirà:re*]
Büstenhalter	reggiseno [*reddschissè:no*]
einfarbig	a tinta unita [*à tìnta unì:ta*]
eng	stretto [*strètto*]
Falte	piega [*pi-è:ga*]
gemustert	a fantasia [*à fantasì:a*]
gestreift	a strisce [*à strì:sche*]
Größe	taglia [*tàlja*]
Gürtel	cintura [*tschintù:ra*]
Handschuhe	guanti [*gu-ànti*]
Hemd	camicia [*kamì:tscha*]
Hose	pantalone [*pantalò:ne*]
Hosenrock	gonna pantalone [*gònna pantalò:ne*]
Hosenträger	bretelle [*bretälle*]
Hut	cappello [*kappällo*]
Jäckchen	golf [*gòlf*]
Jacke	giacca [*dschàkka*]
kariert	a quadretti [*à kuadrètti*]
Kleid	vestito; abito [*westì:to; àbito*]
Kniestrümpfe	calzettoni [*kaltssettòni*]
Kostüm	tailleur [*ta-i-ör*]
Krawatte	cravatta [*krawàtta*]
kurzärmelig	a maniche corte [*à mà:nike kòrte*]
lang	lungo [*lùngo*]
Ledermantel	cappotto di pelle [*kappòtto dì pälle*]
Leinen	lino [*lì:no*]
Mantel	cappotto [*kappòtto*]
Morgenrock	vestaglia [*westàlja*]
Mütze	berretto [*berrètto*]
Nachthemd	camicia da notte [*kamì:tscha dà nòtte*]
Pelzmantel	pelliccia [*pellìttscha*]
Pulli mit rundem Ausschnitt	pullover a girocollo [*pullò:wer à dschirokòllo*]
Pullover	maglione [*maljò:ne*]
Regenmantel	impermeabile [*imperme-à:bile*]
Rock	gonna [*gònna*]
Rollkragenpulli	dolcevita [*doltschewì:ta*]
Samt	velluto [*wellù:to*]
Saum	orlo [*òrlo*]
Schal	sciarpa [*schàrpa*]
Schlafanzug	pigiama [*pidschà:ma*]
Schlüpfer	slip [*slìp*]
Schnürlsamt (Kordsamt)	velluto a coste [*wellù:to à kòste*]
Schürze	grembiule [*grämbi-ù:le*]
Seide	seta [*ssè:ta*]
Skihose	pantaloni da sci [*pantalò:ni dà schì*]
Socken	calzini [*kaltssì:ni*]
Sommerkleid	vestito estivo [*westì:to estì:wo*]

Sportkleidung	abbigliamento sportivo [*abbiljamènto sportì:wo*]
Strampelhöschen	pagliacetto [*paljatschètto*]
Strohhut	cappello di paglia [*kappällo di pàlja*]
Strümpfe	calze [*kàltsse*]
Strumpfgürtel	reggicalze [*reddschikàltsse*]
Strumpfhose	collant [*kollàn*]
Taschentuch	fazzoletto [*fatssolètto*]
Trainingsanzug	tuta [*tù:ta*]
Unterhemd	canottiera [*kanotti-è:ra*]
Unterhose	mutande [*mutànde*]
weit	largo [*làrgo*]
Windjacke	giacca a vento [*dschàkka à wènto*]
Wolle	lana [*là:na*]
Wollweste	gilè di lana [*dschilè di là:na*]

Dieser Rock gefällt mir. Könnten Sie ihn ein wenig kürzer machen?	Questa gonna mi piace. Potrebbe accorciarla un po'? [*kuèsta gònna mì pi-à:tsche. potrèbbe akkortschàrla ùn pò?*]
Ich möchte die Bluse, die im Schaufenster ist.	Vorrei la camicetta esposta in vetrina [*worrä:i la kamitschètta espòsta in wetrì:na*]
Haben Sie eine bessere Qualität?	Ha una qualità migliore? [*à ù:na kualità miljò:re?*]
Kann man sie von Hand waschen?	Si può lavare a mano? [*ssi pu-ò lawà:re à mà:no?*]
Wird sie eingehen?	Si restringerà? [*ssi restrindscherà?*]
Darf ich sie anprobieren?	Posso provarla? [*pòsso prowàrla?*]
Darf ich sie morgen eventuell umtauschen?	Posso cambiarla eventualmente domani? [*pòsso kambi-àrla ewentu-almènte domà:ni?*]

IN DER APOTHEKE

siehe Seite 117

BEIM BLUMENHÄNDLER

Azalee	azalea [*adsalä:a*]
Gladiole	gladiolo [*gladì-olo*]
Grünpflanze	pianta verde [*pi-ànta wèrde*]
Kaktus	pianta grassa [*pi-ànta gràssa*]
Lilie	giglio [*dschìljo*]
Maiglöckchen	mughetto [*mugètto*]
Nelke	garofano [*garò:fano*]
Orchidee	orchidea [*orkidä:a*]
Primel	primula [*prì:mula*]
Rose	rosa [*rò:sa*]
Tulpe	tulipano [*tulipà:no*]
Strauß	mazzo [*màtsso*]

Ich möchte gerne einen schönen Strauß	Desidero un bel mazzo di fiori [*desì:dero un bål màtsso di fi-ò:ri*]
Ich möchte eine Topfpflanze	Vorrei una pianta in vaso [*worrå:i ù:na pi-ànta in wà:so*]
Können Sie die Blumen an diese Adresse hier schicken?	Recapiti i fiori per favore a questo indirizzo [*rekà:piti i fi-òri pèr fawò:re à kuèsto indirìtsso*]
Ich möchte durch Fleurop neun rote Rosen nach Rom schicken lassen.	Vorrei mandare nove rose rosse a Roma tramite Fleurop [*worrå:i mandà:re nò:we rò:se ròsse à Rò:ma tràmite Fle-uròp*]

IN DER BUCHHANDLUNG UND BEIM ZEITUNGSHÄNDLER

Abendblatt	edizione della sera [*editssi-ò:ne dèlla ssè:ra*]
Abonnement	abbonamento [*abbonamènto*]
Autobiographie	autobiografia [*a-utobi-ografì:a*]
Band	volume [*wolù:me*]
Biographie	biografia [*bi-ografì:a*]
Broschüre	opuscolo [*opùskolo*]
Buch	libro [*lìbro*]
Comic	fumetto [*fumètto*]
Druck	stampa [*stàmpa*]
drucken	stampare [*stampà:re*]
Essay	saggio [*ssàddscho*]
Führer	guida [*gu-ì:da*]
Gedichtband	poesia [*po-esì:a*]
Handbuch	manuale [*manu-à:le*]
Katalog	catalogo [*katà:logo*]
Krimi	giallo [*dschàllo*]
Leitartikel	articolo di fondo [*artì:kolo di fòndo*]
Monatsschrift	mensile [*menssì:le*]
Nachmittagsausgabe	edizione pomeridiana [*editssi-ò:ne pomeridi-à:na*]
Neuauflage	ristampa [*ristàmpa*]
Roman	romanzo [*romàndso*]
Sammlung	raccolta [*rakkòlta*]
Sonderausgabe	edizione straordinaria [*editssi-ò:ne stra-ordinà:ri-a*]
Sportzeitung	giornale sportivo [*dschornà:le sportì:wo*]
Stadtplan	piantina della città [*pi-antì:na dèlla tschittà*]
Tageszeitung	quotidiano [*kuotidi-à:no*]
Taschenbuch	edizione tascabile [*editssi-ò:ne taskàbile*]
vergriffen	esaurito [*esa-urì:to*]
Verlag	casa editrice [*kà:sa editrì:tsche*]
Wanderkarte	carta turistica [*kàrta turìstika*]
Wochenzeitung	settimanale [*ssettimanà:le*]
Wörterbuch	vocabolario [*wokabolà:ri-o*]
Zeitschrift	rivista [*riwìsta*]

Haben Sie den neuesten Roman von ...?	Ha l'ultimo romanzo di ...? [*à lùltimo romàndso dì ...?*]
Haben Sie ein deutsch-italienisches Wörterbuch?	Avete un vocabolario italiano-tedesco? [*awè:te ùn wokabolà:ri-o itali-à:no tedèsko?*]
Ich möchte einen Stadtplan.	Vorrei una piantina della città [*worrä:i ù:na pi-antì:na dèlla tschittà*]
Ich möchte eine Straßenkarte von Italien.	Vorrei una carta automobilistica d'Italia [*worrä:i ù:na kàrta a-utomobilìstika ditàli-a*]
Wo finde ich Wanderkarten und Reiseführer?	Dov'è il reparto delle guide? [*dowä il repàrto dèlle gu-ì:de?*]
Wo kann ich deutsche Zeitungen/Bücher kaufen?	Dove posso comperare giornali/libri tedeschi? [*dò:we pòsso komperà:re dschornà:li/lìbri tedèski?*]
Wo kann ich deutsche Zeitschriften kaufen?	Dove posso comperare riviste tedesche? [*dò:we pòsso komperà:re riwìste tedèske?*]

IN DER CHEMISCHEN REINIGUNG

Anzug	completo; abito [*komplèto; àbito*]
bügeln	stirare [*stirà:re*]
Damenrock	gonna [*gònna*]
Flecken entfernen	smacchiare [*ssmakki-à:re*]
Hose	pantaloni [*pantalò:ni*]
Jacke	giacca [*dschàkka*]
Kleid	vestito; abito [*westì:to; àbito*]
Mantel	cappotto [*kappòtto*]

Ich möchte diesen Anzug reinigen lassen; ich brauche ihn morgen früh.	Vorrei far lavare questo abito; mi occorre per domani mattina [*worrä:i fàr lawà:re kuèsto àbito; mì okkòrre pèr domà:ni mattì:na*]
Können Sie diese Flecken auf der Jacke entfernen?	Può togliere queste macchie dalla giacca? [*pu-ò tòljere kuèste màkki-e dàlla dschàkka?*]
Wann wird mein Kleid fertig sein?	Quando sarà pronto il mio vestito? [*kuàndo ssarà prònto il mì:o westì:to?*]

BEIM DAMENFRISEUR

An den Seiten	ai lati [*à:i là:ti*]
anmelden, sich	fissare un appuntamento [*fissà:re un appuntamènto*]
Bürste	spazzola [*spàtssola*]
bürsten	spazzolare [*spattsolà:re*]
Dauerwelle	permanente [*permanènte*]
färben	tingere [*tìndschere*]

Farbspülung	shampoo colorante [*schàmpo colorànte*]
fettiges Haar	capelli grassi [*kapèlli gràssi*]
Fön	asciugacapelli [*aschugakapèlli*]
Frisur	pettinatura [*pettinatù:ra*]
Haarfestiger	fissatore [*fissatò:re*]
Haarschnitt	taglio dei capelli [*tàlj-o dè:i kapèlli*]
Haarspray	lacca [*làkka*]
Kamm	pettine [*pàttine*]
kämmen	pettinare [*pettinà:re*]
kurz	corto [*kòrto*]
legen	fare la messa in piega [*fà:re la mèssa in pi-è:ga*]
Maniküre	manicure [*manikù:re*]
Nacken	nuca [*nù:ka*]
Nagel	unghia [*ùngi-a*]
Nagellack	smalto [*ssmàlto*]
Pediküre	pedicure [*pedikù:re*]
Scheitel	riga [*rì:ga*]
Schere	forbici [*fòrbitschi*]
schneiden	tagliare [*taljà:re*]
Schuppen	forfora [*fòrfora*]
Shampoo	shampo [*schàmpo*]
Spitze	punta [*pùnta*]
Stirnfransen	frangia [*fràndscha*]
trockenes Haar	capelli secchi [*kapèlli sèkki*]
Trockenhaube	casco [*kàsko*]
trocknen	asciugare [*aschugà:re*]
waschen	lavare [*lawà:re*]
Wasserwelle	messa in piega [*mèssa in pi-è:ga*]

Bitte verwenden Sie ein Shampoo / gegen fettiges Haar / gegen Schuppen	Per favore usi uno shampo / contro capelli grassi / antiforfora [*pèr fawò-re ù:si ù:no schàmpo / kòntro kapèlli gràssi / antifòrfora*]
Ich hätte gerne eine leichte Dauerwelle	Desidero una permanente leggera [*desìdero ù:na permanènte leddschè:ra*]
Kann ich mich für morgen um 14 Uhr anmelden?	Posso avere un appuntamento per domani alle quattordici? [*pòsso awè:re un appuntamènto pèr domà:ni àlle kuattòrditschi?*]
Schneiden Sie bitte die Stirnfransen nach	Per favore spunti un po' la frangetta [*pèr fawò:re spùnti un pò là frandschètta*]
Waschen und legen bitte	Per favore, una messa in piega [*pèr fawò:re ù:na mèssa in pi-è:ga*]

IN DER FISCHHANDLUNG

Aal	anguilla [*angu-ìlla*]
Austern	ostriche [*òstrike*]
Flußbarsch	pesce persico [*pèsche pàrsiko*]
Forelle	trota [*trò:ta*]
Garnele	gamberetto [*gamberètto*]

Goldbrasse	orata [*orà:ta*]
Hecht	luccio [*lùtscho*]
Hering	aringa [*arìnga*]
Kabeljau	merluzzo [*merlùtsso*]
Karpfen	carpa [*kàrpa*]
Lachs	salmone [*ssalmò:ne*]
Languste	aragosta [*aragòsta*]
Makrele	sgombro [*sgòmbro*]
Miesmuscheln	cozze [*kòtsse*]
Rochen	razza [*ràdsa*]
Rotbarbe	triglia [*trìlja*]
Sardelle	acciuga [*atschù:ga*]
Sardine	sardina [*ssardì:na*]
Schleie	tinca [*tìnka*]
Schwertfisch	pesce spada [*pèsche spà:da*]
Seebarsch	spigola [*spì:gola*]
Seehecht	nasello [*nasèllo*]
Seeigel	riccio [*rìtscho*]
Seezunge	sogliola [*sòljola*]
Steinbutt	rombo [*ròmbo*]
Stockfisch	baccalà [*bakkalà*]
Thunfisch	tonno [*tònno*]
Tintenfisch	seppia [*sèppi-a*]
Venusmuscheln	vongole [*wòngole*]
Zahnbrasse	dentice [*dèntitsche*]

BEIM FLEISCHER

Beinfleisch	bianco costato [*bi-ànko kostàto*]
Blutwurst	sanguinaccio [*ssangu-inàttscho*]
Braten	arrosto [*arròsto*]
Brustspitz	punta di petto [*pùnta di pȁtto*]
Filet	filetto [*filètto*]
Hackfleisch	carne trita [*kàrne trì:ta*]
Hals	collo [*kòllo*]
Hase	coniglio [*konìljo*]
Huhn	pollo [*pòllo*]
Hühnerbrust	petto di pollo [*pȁtto di pòllo*]
Innereien	frattaglie [*frattàlje*]
Kalbfleisch	carne di vitello [*kàrne di witȁllo*]
Kalbsschnitzel	scaloppina [*skaloppì:na*]
Kalbsstelze	ossobuco [*ossobù:ko*]
Kaldaunen, Kutteln	trippa [*trìppa*]
Keule	cosciotto [*koschòtto*]
Kitz	capretto [*kaprètto*]
Kotelett	cotoletta [*kotolètta*]
Kugel	girello [*dschirȁllo*]
Lamm	agnello [*anjȁllo*]
Leber	fegato [*fè:gato*]
Lendenstück	lombata [*lombà:ta*]
Nuß	noce [*nò:tsche*]

Pferdefleisch	carne equina [*kàrne ekuì:na*]
Rindschnitzel	bistecca di manzo [*bistèkka di màndso*]
Schulter	spalla [*spàlla*]
Schweinefleisch	carne di maiale [*kàrne di ma-i-à:le*]
Truthahn	tacchino [*takkì:no*]
Wild	selvaggina [*sselwaddschì:na*]

IM FOTOGESCHÄFT

Abzug	stampa [*stàmpa*]
8-mm-Film	pellicola da otto millimetri [*pellì:kola dà òtto millì:metri*]
auslösen	scattare [*skattà:re*]
Auslöser	scatto [*skàtto*]
Belichtungsmesser	esposimetro [*esposì:metro*]
Belichtungszeit	tempo di esposizione [*tàmpo di espositssi-ò:ne*]; posa [*pò:sa*]
Blitzlicht	flash [*flàsch*]
Dunkelkammer	camera oscura [*kà:mera oskù:ra*]
entwickeln	sviluppare [*sswiluppà:re*]
Farbfilm	pellicola a colori [*pellì:kola à kolò:ri*]
Farbfilm für Dias	pellicola a colori per diapositive [*pellì:kola à kolò:ri pèr di-apositì:we*]
filmen	filmare [*filmà:re*]; riprendere [*riprändere*]
Filmkamera	cinepresa [*tschineprè:sa*]
Filter	filtro [*fìltro*]
Fotoapparat	macchina fotografica [*màkkina fotogrà:fika*]
fotografieren	fotografare [*fotografà:re*]
Glanzpapier	carta lucida [*kàrta lù:tschida*]
Größe	formato [*formà:to*]
klemmen	essere bloccato [*ässere blokkà:to*]
Lampe	lampadina [*lampadì:na*]
matt	opaco [*opà:ko*]
Negativ	negativo [*negatì:wo*]
Objektiv	obiettivo [*obi-ettì:wo*]
Schwarz-Weiß-Film	pellicola in bianco e nero [*pellì:kola in bi-ànko e nè:ro*]
Sonnenblende	paraluce [*paralù:tsche*]
Transportknopf	leva d'avanzamento [*lè:wa dawantssamènto*]
Vergrößerung	ingrandimento [*ingrandimènto*]
unscharf	sfocato [*ssfokà:to*]
Ich möchte einen Farbfilm für 24/36 Aufnahmen	Vorrei una pellicola a colori per ventiquattro/trentasei pose [*worrä:i ù:na pellì:kola à kolò:ri pèr wäntikuàttro/träntassä-i pò-se*]
Können Sie mir den Film einlegen?	Può inserire la pellicola, per favore? [*pu-ò insserì:re la pellì:kola, pèr fawò:re?*]

Der Film klemmt. Können Sie ihn in Ihrer Dunkelkammer herausnehmen?	La pellicola è bloccata. Può toglierla nella camera oscura? [*la pellì:kola ä blokkà:ta. pu-ò tòljerla nèlla kà:mera oskù:ra?*]
Ich möchte zwei Abzüge von jedem Negativ, mit Rand bitte	Vorrei due stampe con bordo di ogni negativo [*worrä:i dù:e stàmpe kòn bòrdo di ònji negatì:wo*]
Würden Sie dieses Photo bitte vergrößern. Einen Abzug bitte, matt, ohne Rand	Può ingrandire questa foto. Una stampa su carta opaca, senza bordo [*pu-ò ingrandì:re kuèsta fò:to; ù:na stàmpa ssù kàrta opà:ka, ssäntssa bòrdo*]

BEIM GEMÜSEHÄNDLER

Apfel	mela [*mè:la*]
Apfelsine	arancia [*aràntscha*]
Aprikose	albicocca [*albikòkka*]
Artischocke	carciofo [*kartschò:fo*]
Aubergine	melanzana [*melandsà:na*]
Banane	banana [*banà:na*]
Birne	pera [*pè:ra*]
Blaubeere	mirtillo [*mirtìllo*]
Blumenkohl	cavolfiore [*kawolfi-ò:re*]
Bohne	fagiolo [*fadschò:lo*]
Dattel	dattero [*dàttero*]
Erbsen	piselli [*pisälli*]
Erdbeere	fragola [*fràgola*]
Erdnuß	arachide [*arà:kide*]
Feige	fico [*fì:ko*]
Fenchel	finocchio [*finòkki-o*]
grüne Bohnen	fagiolini [*fadscholì:ni*]
Gurke	cetriolo [*tschetri-ò:lo*]
Himbeeren	lamponi [*lampò:ni*]
Karotte	carota [*karò:ta*]
Kartoffel	patata [*patà:ta*]
Kirsche	ciliegia [*tschili-è:dscha*]
Knoblauch	aglio [*àljo*]
Kohl	cavolo [*kà:wolo*]
Kopfsalat	lattuga [*lattù:ga*]
Kürbis	zucca [*dsùkka*]
Lauch	porro [*pòrro*]
Linsen	ceci [*tschè:tschi*]
Mandarine	mandarino [*mandarì:no*]
Mandel	mandorla [*màndorla*]
Mangold	beitola [*bi-è:tola*]
Petersilie	prezzemolo [*pretssè:molo*]
Pfirsich	pesca [*päska*]
Pflaume	prugna [*prùnja*]
Pilz	fungo [*fùngo*]
Radieschen	ravanelli [*rawanèlli*]
Rote Beete	barbabietola [*barbabi-è:tola*]

Salat	insalata [*inssalà:ta*]
Sellerie	sedano [*ssàdano*]
Spargel	asparagi [*aspàradschi*]
Speisekürbis	zucchine [*dsukkì:ne*]
Spinat	spinaci [*spinà:tschi*]
Tomate	pomodoro [*pomodò:ro*]
Trockenobst	frutta secca [*frùtta sèkka*]
Walnuß	noce [*nò:tsche*]
Weintraube	uva [*ù:wa*]
Zitrone	limone [*limò:ne*]
Zwetschge	susina [*ssusì:na*]

HAUSHALTSGERÄTE

Dosenöffner	apriscatole [*apriskà:tole*]
Flaschenöffner	apribottiglie [*apribottìlje*]
Haartrockner; Fön	asciugacapelli [*aschugakapèlli*]
Keramik	ceramica [*tscherà:mika*]
Korkenzieher	cavatappi [*kawatàppi*]
Kunststoffbesteck	posate di plastica [*posà:te di plàstika*]
Plastikbeutel	sacchetti di plastica [*sakkètti di plàstika*]
Porzellan	porcellana [*portschellà:na*]
Taschenmesser	coltellino [*koltellì:no*]
Thermosflasche	termos [*tèrmos*]

BEIM HERRENFRISEUR

Bart	barba [*bàrba*]
Kamm	pettine [*pàttine*]
kämmen, sich	pettinarsi [*pettinàrssi*]
Kotelette	basetta [*basètta*]
Haarausfall	caduta dei capelli [*kadù:ta dè:i kapèlli*]
Haarschnitt	taglio dei capelli [*tàljo dè:i kapèlli*]
rasieren	fare la barba [*fà:re là bàrba*]
Rasiermesser	rasoio [*rasò:i-o*]
Rasierwasser	dopobarba [*dopobàrba*]
Schnitt	taglio [*tàljo*]
Schnurrbart	baffi [*bàffi*]
Schuppen	forfora [*fòrfora*]
waschen	lavare [*lawà:re*]

Haarschneiden und Rasieren bitte	barba e capelli, per favore [*bàrba e kapèlli, pèr fawò:re*]
Bitte waschen Sie das Haar auch	Per favore lavi anche i capelli [*pèr fawò:re là:wi ànke i kapèlli*]
Ich möchte mich rasieren lassen	Desidero farmi far la barba [*desì:dero fàrmi fàr la bàrba*]
Was bin ich schuldig?	Quanto le devo? [*kuànto lè dè:wo?*]

Anhänger	ciondolo [*tschòndolo*]
Armband	braccialetto [*bratschalètto*]
auffädeln	infilare [*infilà:re*]
Bernstein	ambra [*àmbra*]
Besteck	posate [*posà:te*]
Brosche	spilla [*spìlla*]
Diamant	diamante [*di-amànte*]
Edelstein	pietra preziosa [*pi-ètra pretssi-ò:sa*]
Ehering	fede [*fè:de*]
einfassen, fassen	incastonare [*inkastonà:re*]
eingravieren	incidere [*intschì:dere*]
Fassung	incastonatura [*inkastonatù:ra*]
Feuerzeug	accendino [*attschendì:no*]
Gold	oro [*ò:ro*]
Halbedelstein	pietra dura [*pi-è:tra dù:ra*]
Halskette	collana [*kollà:na*]
Jade	giada [*dschà:da*]
Kaffeeservice	servizio da caffè [*sserwìtssi-o dà kaffä̀*]
Kette	catenina [*katenì:na*]
Koralle	corallo [*koràllo*]
Krawattenklipp	fermacravatte [*fermakrawàtte*]
Kristall	cristallo [*kristàllo*]
Löffel	cucchiaio [*kukki-à:i-o*]
Manschettenknöpfe	gemelli [*dschemä̀lli*]
Medaille	medaglia [*medàlja*]
Ohrringe	orecchini [*orekkì:ni*]
Perle	perla [*pä̀rla*]
Platin	platino [*plà:tino*]
Ring	anello [*anä̀llo*]
Rubin	rubino [*rubì:no*]
Saphir	zaffiro [*dsàffiro*]
Schmuckkästchen	portagioie [*portadschò:i-e*]
Silber	argento [*ardschä̀nto*]
Smaragd	smeraldo [*ssmeràldo*]
Topas	topazio [*topà:tssi-o*]
Türkis	turchese [*turkè:se*]
vergoldet	placcato d'oro [*plakkà:to dò:ro*]
Verschluß	fermaglio [*fermàljo*]
versilbert	argentato [*ardschentà:to*]
Zinn	peltro [*pä̀ltro*]
Zuchtperle	perla coltivata [*pä̀rla koltiwà:ta*]

Ich hätte gerne einen kleinen goldenen Anhänger für dieses Kettchen	Vorrei un piccolo ciondolo d'oro per questa catenina [*worrä:i un pìkkolo tschòndolo dò:ro pèr kuèsta katenì:na*]
Könnte ich die Armbänder sehen?	Desidero vedere i braccialetti [*desìdero wedè:re i brattschalètti*]
Können Sie diese Perlenkette auffädeln?	Può infilare questa collana di perle? [*pu-ò infilà:re kuèsta kollà:na di pä̀rle?*]

IM KURZWARENGESCHÄFT

Druckknopf	automatico [*a-utomàtiko*]
Faden	filo [*fi:lo*]
Fingerhut	ditale [*ditá:le*]
Gummiband	elastico [*elàstiko*]
Handschuhe	guanti [*gu-ànti*]
Hosenträger	bretelle [*bretälle*]
Kniestrümpfe	calzettoni [*kaltssettò:ni*]
Knopf	bottone [*bottò:ne*]
Nachthemd	camicia da notte [*kamì:tscha dà nòtte*]
Nadel	ago [*à:go*]
Nähnadel	ago da cucire [*à:go dà kutschì:re*]
Reißverschluß	cerniera lampo [*tscherni-è:ra làmpo*]
Schere	forbici [*fòrbitschi*]
Schlafanzug	pigiama [*pidschà:ma*]
Schlüpfer	slip [*slìp*]
Schnalle	fibbia [*fìbbi-a*]
Sicherheitsnadel	spilla di sicurezza [*spìlla dì ssikurètssa*]
Socken	calzini [*kaltssì:ni*]
Stopfgarn	filo da rammendo [*fì:lo dà rammändo*]
Strümpfe	calze [*kàltsse*]
Strumpfhose	collant [*kollàn*]
Unterhemd	canottiera [*kanotti-è:ra*]
Unterhose	mutande [*mutànde*]
Unterwäsche	biancheria intima [*bi-ankerì:a ìntima*]

BEIM LEBENSMITTELHÄNDLER

Bier	birra [*bìrra*]
Dosenfleisch	carne in scatola [*kàrne in skà:tola*]
Dosenmilch	latte condensato in scatola [*làtte kondenssà:to in skà:tola*]
Essig	aceto [*atschè:to*]
Haferflocken	fiocchi d'avena [*fi-òkki dawè:na*]
Honig	miele [*mi-è:le*]
Kaffee	caffè [*kaffä*]
Kartoffelchips	patatine fritte [*patatì:ne frìtte*]
Kekse	biscotti [*bisskòtti*]
Margarine	margarina [*margarì:na*]
Marmelade	marmellata [*marmellà:ta*]
Mehl	farina [*farì:na*]
Mineralwasser	acqua minerale [*àkkua minerà:le*]
Olivenöl	olio d'oliva [*ò:li-o dolì:wa*]
Pfeffer	pepe [*pè:pe*]
Reis	riso [*rì:so*]
Sahne	panna [*pànna*]
Samenöl	olio di semi [*ò:li-o di ssè:mi*]
Senf	senape [*ssè:nape*]
Suppenwürfel	dado per brodo [*dà:do pèr brò:do*]
Süßstoff	dolcificante [*doltschifikànte*]

Tee	tè [*tä*]
Tomatenpüree	passato di pomodoro [*passà:to di pomodò:ro*]
Tomatensuppe	minestra di pomodoro [*minästra di pomodò:ro*]
Zucker	zucchero [*dsùkkero*]

BEIM OPTIKER

Brille	occhiali [*okki-à:li*]
Brillenetui	astuccio [*astùttscho*]
Fassung	montatura [*montatù:ra*]
Fernglas	binocolo [*binò:kolo*]
Glas	lente [*lènte*]
Kompaß	bussola [*bùssola*]
Kontaktlinse	lente a contatto [*lènte à kontàtto*]
kurzsichtig	miope [*mì:ope*]
Sonnenbrille	occhiali da sole [*okki-à:li da ssò:le*]
weitsichtig	presbite [*präsbite*]

Ich bin kurzsichtig	Sono miope [*ssò:no mì:ope*]
Ich habe eine Kontaktlinse verloren	Ho perso una lente a contatto [*ò pärsso ù:na lènte à kontàtto*]
Meine Brille ist kaputtgegangen	I miei occhiali si sono rotti [*i mi:ä-i okki-à:li ssi ssò:no ròtti*]
Könnten Sie die Gläser ersetzen?	Può cambiare le lenti? [*pu-ò kambi-à:re le lènti?*]
Wann kann ich die Brille abholen?	Quando potrò ritirare gli occhiali? [*kuàndo potrò ritirà:re lji okki-à:li?*]

IN DER PAPIER- UND SCHREIBWARENHANDLUNG

Ansichtskarte	cartolina illustrata [*kartolì:na illustrà:ta*]
Bindfaden	spago [*spà:go*]
Bleistift	matita [*matì:ta*]
Block	blocco per appunti [*blòkko pèr appùnti*]
Buntstifte	matite colorate [*matì:te kolorà:te*]
Büroklammer	fermaglio [*fermàljo*]
Ersatzpatrone für Kugelschreiber / für Füller	ricambio per biro / per la penna stilografica [*rikàmbi-o pèr bì:ro / pèr là pènna stilogrà:fika*]
Filzstift	pennarello [*pennarèllo*]
Fotokopie	fotocopia [*fotokò:pi-a*]
Füllhalter	penna stilografica [*pènna stilogrà:fika*]
Heft	quaderno [*kuadärno*]
Klebe	colla [*kòlla*]
Kugelschreiber	biro [*bì:ro*]
Packpapier	carta da pacco [*kàrta dà pàcco*]
Papier	carta [*kàrta*]
Papierservietten	tovaglioli di carta [*towaljò:li di kàrta*]

Radiergummi	gomma [*gòmma*]
Reißnägel	puntine [*puntì:ne*]
Schreibpapier	carta da lettere [*kàrta dà lèttere*]
selbstklebende Etiketten	etichette autoadesive [*etikètte a-utoadesì:we*]
Spielkarten	carte da gioco [*kàrte dà dschò:ko*]
Tinte	inchiostro [*inki-òstro*]
Umschlag	busta [*bùsta*]
Zeichenblock	blocco da disegno [*blòkko dà disènjo*]

IN DER PARFÜMERIE

Augenbrauenstift	matita per le sopracciglia [*matì:ta pèr le soprattschìlja*]
Badesalz	sali da bagno [*ssà:li dà bànjo*]
Badeschaum	schiuma da bagno [*sski-ù:ma dà bànjo*]
Bürste	spazzola [*spàtssola*]
Creme	crema [*krä̀ma*]
Damenbinden	assorbenti igienici [*assorbä̀nti idschè:nitschi*]
Deo	deodorante [*de-odorànte*]
Gesichtscreme	crema per il viso [*krä̀ma pèr il wì:so*]
Gesichtspuder	cipria [*tschì:pri-a*]
Haarentfernungscreme	crema depilatoria [*krä̀ma depilatò:ri-a*]
Haarfestiger	fissatore [*fissatò:re*]
Haarspray	lacca [*làkka*]
Haarwasser	lozione per capelli [*lotssi-ò:ne pèr kapèlli*]
Kamm	pettine [*pä̀ttine*]
Kölnischwasser	acqua di colonia [*àkkua dì kolò:ni-a*]
Lidschatten	ombretto [*ombrètto*]
Lidstift	eye-liner [*ailainer*]
Lippenstift	rossetto [*rossètto*]
Nagelbürste	spazzolino per le unghie [*spatssolì:no pèr le ùngi-e*]
Nagelfeile	limetta per le unghie [*limètta pèr le ùngi-e*]
Nagellack	smalto [*ssmàlto*]
Nagellackentferner	solvente per lo smalto [*ssolwä̀nte pèr lo ssmàlto*]
Nagelschere	forbicine per le unghie [*forbitschì:ne pèr le ùngi-e*]
Papiertaschentücher	fazzolettini di carta [*fatssolettì:ni di kàrta*]
Parfum	profumo [*profù:mo*]
Pinzette	pinzetta [*pintssètta*]
Puder	borotalco [*borotàlko*]
Puderdose	portacipria [*portatschì:pri-a*]
Rasiercreme	crema da barba [*krä̀ma dà bàrba*]
Rasierklinge	lametta da barba [*lamètta dà bàrba*]

Rasierpinsel	pennello per la barba [*pennèllo pèr là bàrba*]
Rasierschaum	schiuma da barba [*ski-ù:ma dà bàrba*]
Rasierwasser	lozione dopobarba [*lotssi-ò:ne dopobàrba*]
Schwamm	spugna [*spùnja*]
Seife	saponetta [*ssaponètta*]
Sonnencreme	crema solare [*kräma ssolà:re*]
Sonnenöl	olio solare [*òli-o ssolà:re*]
Spiegel	specchio [*späkki-o*]
Tampons	assorbenti interni [*assorbänti intärni*]
Toilettenpapier	carta igienica [*kàrta idschè:nika*]
Tönungsmittel	shampo colorante [*schàmpo koloránte*]
Waschlappen	guanto di spugna [*gu-ànto di spùnja*]
Wickler	bigodino [*bigodì:no*]
Wimperntusche	mascara [*masskà:ra*]
Zahnbürste	spazzolino da denti [*spatssolì:no dà dänti*]
Zahncreme	dentifricio [*dentifrì:tscho*]

IM SCHUHGESCHÄFT

Absatz	tacco [*tàkko*]
Bergschuhe	scarponi da montagna [*skarpò:ni dà montànja*]
Einlegesohle	soletta [*ssolètta*]
flacher Absatz	tacco basso [*tàkko bàsso*]
Fuß	piede [*pi-è:de*]
gefüttert	foderato [*foderà:to*]
Gummisohle	suola di para [*ssu-ò:la di pà:ra*]
Gummistiefel	stivali di gomma [*stiwà:li di gòmma*]
hoher Absatz	tacco alto [*tàkko àlto*]
Holzpantinen	zoccoli [*dsòkkoli*]
Kalbslederschuhe	scarpe di vitello [*skàrpe di witällo*]
Kletterschuhe	scarponcino da roccia [*skarpontschì:no dà ròttscha*]
Lackschuhe	scarpe di vernice [*skàrpe di wernì:tsche*]
Lederschuh	scarpa di cuoio [*skàrpa di ku-ò:i-o*]
Ledersohle	suola di cuoio [*ssu-ò:la di ku-ò:i-o*]
Mokassin	mocassino [*mokassì:no*]
orthopädischer Schuh	scarpa ortopedica [*skàrpa ortopè:dika*]
Pantoffel	pantofola [*pantò:fola*]
Sandale	sandalo [*ssàndalo*]
Schnürsenkel	stringhe [*strìnge*]
Schuhbürste	spazzola [*spàtssola*]
Schuhcreme	lucido [*lù:tschido*]
Schuhgröße	misura [*misù:ra*]
Spitze	punta [*pùnta*]
Stiefel	stivale [*stiwà:le*]
Turnschuhe	scarpe da ginnastica [*skàrpe dà dschinnàstika*]

Wildlederschuhe	scarpe di camoscio [*skàrpe di kamòscho*]
Ziegenlederschuhe	scarpe di capretto [*skàrpe di kaprètto*]
Ich möchte ein Paar braune Schuhe, Größe 38, mit flachem Absatz	Vorrei un paio di scarpe color marrone, numero 38, con tacco basso [*worrà:i un pà:i-o di skàrpe kolòr marrò:ne, nùmero träntòtto, kòn tàkko bàsso*]
Leider sind sie etwas eng. Haben Sie eine halbe Nummer mehr?	Purtroppo sono un po' strette. Ha un mezzo numero in più? [*purtròppo ssò:no un pò strètte; à un màdso nùmero in pi-ù?*]
Bitte geben Sie mir auch ein Paar Einlegesohlen	Mi dia anche un paio di solette, per favore [*mi di:a ànke un pà:i-o di ssolètte, pèr fawò:re*]
Wieviel muß ich bezahlen?	Quanto Le devo? [*kuànto lè dè:wo?*]

Beim Schuster

Können Sie die Absätze reparieren?	Può aggiustare i tacchi? [*pu-ò addschustà:re i tàkki?*]
Können Sie diese Schuhe sohlen?	Può risolare queste scarpe? [*pu-ò rissolà:re kuèste skàrpe?*]
Ich brauche sie so schnell wie möglich	Mi servono il più presto possibile [*mì ssärwono il pi-ù pràsto possì:bile*]
Kann ich darauf warten?	Posso attendere? [*pòsso attèndere?*]

IM TABAKLADEN

> Verkaufsstellen von Tabakwaren, Streichhölzern, Briefmarken erkennen Sie an einem großen weißen T auf schwarzem Schild

Briefmarke	francobollo [*frankobòllo*]
extralang	formato lungo [*formà:to lùngo*]
Feuersteine	pietrine [*pi-etrì:ne*]
Feuerzeug	accendino [*attschendì:no*]
Feuerzeuggas	benzina per l'accendino [*bändsì:na pèr lattschendì:no*]
heller Tabak	tabacco biondo [*tabàkko bi-òndo*]
Kaugummi	gomma da masticare [*gòmma dà mastikà:re*]
leichte Zigaretten	sigarette leggere [*ssigarètte leddschè:re*]
Mentholzigaretten	sigarette al mentolo [*ssigarètte àl mentò:lo*]
Pfeife	pipa [*pì:pa*]
Pfeifenreiniger	bastoncini nettapipe [*bastontschì:ni nättapì:pe*]
Pfeifentabak	tabacco da pipa [*tabàkko dà pì:pa*]
Stange	stecca [*stèkka*]

starke Zigaretten	sigarette forti [*ssigarètte fòrti*]
Streichhölzer	fiammiferi [*fi-ammì:feri*]; cerini [*tscherì:ni*]
Zigarette	sigaretta [*ssigarètta*]
Zigaretten mit/ohne Filter	sigarette con/senza filtro [*ssigarètte kòn(ssȁntssa fìltro*]
Zigarettenspitze	bocchino [*bokkì:no*]
Zigarre	sigaro [*ssìgaro*]
Eine Marke für einen Brief nach Österreich, bitte	Un francobollo per una lettera per l'Austria, per favore [*ùn frankobòllo pèr ù:na lèttera pèr là-ustri:a pèr fawò:re*]
Zwei Schachteln Zigaretten mit Filter	Due pacchetti di sigarette con filtro [*dù:e pakkètti di ssigarètte kòn fìltro*]
Eine Schachtel Streichhölzer und Pfeifenreiniger, bitte	Una scatola di fiammiferi (cerini) e dei bastoncini nettapipe [*ù:na skà:tola di fi-ammì:feri (tscherì:ni) e dè:i bastontschì:ni nättapì:pe*]

BEIM UHRMACHER

Armbanduhr	orologio da polso [*orolò:dscho dà pòlsso*]
Digitaluhr	orologio digitale [*orolò:dscho didschità:le*]
Feder	molla [*mòlla*]
Glas	vetro [*wè:tro*]
Lederarmband	cinturino di cuoio [*tschinturì:no di ku-ò:i-o*]
nachgehen	essere indietro [*ȁssere indi-è:tro*]
Quarzuhr	orologio al quarzo [*orolò:dscho àl kuàrtsso*]
Reisewecker	sveglia da viaggio [*swèlja dà wi-àddscho*]
Stoppuhr	cronometro [*kronòmetro*]
Taschenuhr	orologio da tasca [*orolò:dscho dà tàska*]
Uhr	orologio [*orolò:dscho*]
Uhrarmband	cinturino d'orologio [*tschinturì:no dorolò:dscho*]
vorgehen	essere avanti [*ȁssere awànti*]
Wecker	sveglia [*swèlja*]
Zeiger	lancetta [*lantschètta*]
Ziffernblatt	quadrante [*kuadrànte*]
Das Glas meiner Uhr ist kaputt. Können Sie mir ein neues einsetzen?	Il vetro del mio orologio è rotto. Me lo può sostituire? [*ìl wè:tro dèl mì:o orolò:dscho ȁ ròtto; mè lò pu-ò ssostitu-ì:re?*]
Meine Uhr geht jeden Tag fast zehn Minuten vor. Können Sie sie reparieren?	Il mio orologio è avanti ogni giorno di dieci minuti. Me lo può riparare? [*il mì:o orolò:dscho ȁ awànti ònji dschòrno di di-è:tschi minù:ti; mè lò pu-ò riparà:re?*]
Kann ich mit der Kreditkarte zahlen?	Posso pagare con la carta di credito? [*pòsso pagà:re kòn là kàrta di krȁ:dito?*]

XI GESUNDHEITSDIENST

PHYSIOLOGIE UND PATHOLOGIE

Besorgen Sie sich rechtzeitig vor Ihrem Reisetermin das Formblatt E 111, um in Italien die Leistungen der AOK in Anspruch nehmen zu können.

DER MENSCHLICHE KÖRPER

Achselhöhle	ascella [*aschälla*]
Arm	braccio [*bràttscho*]
Arterie	arteria [*artä:ri-a*]
Atem	respiro [*respì:ro*]
Atmung	respirazione [*respiratssi-ò:ne*]
Auge	occhio [*òkki-o*]
Bandscheibe	disco intervertebrale [*dìsko interwärtebrà:le*]
Becken	bacino [*batschì:no*]
Bein	gamba [*gàmba*]
Blase	vescica [*weschì:ka*]
Blinddarm	appendice [*appendì:tsche*]
Blut	sangue [*ssàngu-e*]
Blutdruck	pressione del sangue [*pressi-ò:ne dèl ssàngu-e*]
Brust	seno [*ssè:no*]
Brustkorb	torace [*torà:tsche*]
Darm	intestino [*intestì:no*]
Daumen	pollice [*pòllitsche*]
Dickdarm	intestino crasso [*intestì:no kràsso*]
Drüse	ghiandola [*gi-àndola*]
Dünndarm	intestino tenue [*intestì:no tänu-e*]
Ellebogen	gomito [*gòmito*]
Ferse	tallone [*tallò:ne*]
Finger	dito della mano [*dì:to dèlla mà:no*]
Fuß	piede [*pi-è:de*]
Fußsohle	pianta [*pi-ànta*]
Galle	bile [*bì:le*]
Gallenblase	cistifellea [*tschistifälle-a*]
Gaumen	palato [*palà:to*]
Gebärmutter	utero [*ù:tero*]
Gelenk	articolazione [*artikolatssi-ò:ne*]
Gesäßbacke	natica [*nà:tika*]
Geschlechtsorgane	organi genitali [*òrgani dschenità:li*]
Gesicht	viso [*wì:so*]
große Zehe	alluce [*àllutsche*]

Haar	capelli [*kapèlli*]
Hals	collo [*kòllo*]
Hand	mano [*mà:no*]
Harn, Urin	urina [*urì:na*]
Haut	pelle [*pä̀lle*]
Herz	cuore [*ku-ò:re*]
Hirn	cervello [*tscherwä̀llo*]
Hüften	fianchi [*fi-ànki*]
Kehle, Hals	gola [*gò:la*]
Kiefer	mascella [*maschä̀lla*]
Kinn	mento [*mènto*]
Knie	ginocchio [*dschinòkki-o*]
Kniescheibe	rotula [*rò:tula*]
Knöchel	caviglia [*kawìlja*]
Knochen	osso [*òsso*]
Kopf	testa [*tä̀sta*]
Körper	corpo [*kòrpo*]
Kreislauf	circolazione [*tschirkolatssi-ò:ne*]
Leber	fegato [*fè:gato*]
Lid	palpebra [*pàlpebra*]
Lippe	labbro [*làbbro*]
Lungen	polmoni [*polmò:ni*]
Magen	stomaco [*stò:mako*]
Mandeln	tonsille [*tonssìlle*]
Menstruation	mestruazioni [*mestru-atssi-ò:ni*]
Milz	milza [*mìltssa*]
Mund	bocca [*bòkka*]
Muskel	muscolo [*mùsskolo*]
Nacken	nuca [*nù:ka*]
Nagel	unghia [*ùngi-a*]
Nase	naso [*nà:so*]
Nasenlöcher	narici [*narì:tschi*]
Nerv	nervo [*nä̀rwo*]
Nervensystem	sistema nervoso [*ssistä̀:ma närwò:so*]
Niere	rene [*rè:ne*]
Oberkiefer	mascella superiore [*maschä̀lla ssuperi-ò:re*]
Oberschenkel	coscia [*kò:scha*]
Oberschenkelknochen	femore [*fä̀:more*]
Ohr	orecchio [*orèkki-o*]
Pankreas	pancreas [*pànkre-ass*]
Penis	pene [*pè:ne*]
Puls	polso [*pòlsso*]
Rippe	costola [*kòstola*]
Rücken	schiena [*ski-è:na*]
Rückenmark	midollo spinale [*midòllo spinà:le*]
Scheide	vagina [*wadschì:na*]
Schienbein	tibia [*tì:bi-a*]
Schläfe	tempia [*tèmpi-a*]
Schleimhaut	mucosa [*mukò:sa*]
Schlüsselbein	clavicola [*klawì:kola*]
Schulter	spalla [*spàlla*]

Schwangerschaft gravidanza [*grawidàntssa*]
Sehne tendine [*tàndine*]
Spann collo del piede [*kòllo dèl pi-è:de*]
Steißbein coccige [*kòttschidsche*]
Stirn fronte [*frònte*]
Stoffwechsel metabolismo [*metabolìsmo*]
Trommelfell timpano [*tìmpano*]
Unterkiefer mascella inferiore [*maschàlla inferi-ò:re*]
Unterleib addome [*addò:me*]
Vene vena [*wè:na*]
Verdauung digestione [*didschesti-ò:ne*]
Wade polpaccio [*polpàttscho*]
Wange guancia [*gu-àntscha*]
Weisheitszahn dente del giudizio [*dànte dèl dschudì:tssi-o*]
Wirbelsäule spina dorsale [*spì:na dorssà:le*]
Zahn dente [*dànte*]
Zahnfleisch gengiva [*dschendschì:wa*]
Zehe dito del piede [*dì:to dèl pi-è:de*]
Zunge lingua [*lìngu-a*]

KRANKHEITEN UND KRANKHEITSSYMPTOME

Abschürfung escoriazione [*esskori-atssi-ò:ne*]
Abszeß ascesso [*aschàsso*]
Aids Aids [*A-idi-àsse*]
Allergie allergia [*allerdschì:a*]
Anfall attacco [*attàkko*]
ansteckende Krankheit malattia infettiva [*malattì:a infettì:wa*]
Arthritis artrite [*artrì:te*]
Asthma asma [*à:sma*]
Atembeschwerden problemi respiratori [*problà:mi respiratò:ri*]
Ausschlag eruzione [*erutssi-ò:ne*]
Bänderzerrung stiramento dei legamenti [*stiramènto dè:i legamènti*]
Bauchfellentzündung peritonite [*peritonì:te*]
Bauchschmerzen mal di pancia [*màl dì pàntscha*]
Bindehautentzündung congiuntivite [*kondschuntiwì:te*]
Blähung flatulenza [*flatulàntssa*]
Blasenentzündung cistite [*tschistì:te*]
Blinddarmentzündung appendicite [*appänditschì:te*]
Blindheit cecità [*tschetschità*]
Blutarmut anemia [*anemì:a*]
Bluterguß ematoma [*ematò:ma*]
Blutung emorragia [*emorradschì:a*]
Blutvergiftung setticemia [*settitschemì:a*]
Brandwunde scottatura [*skottatù:ra*]
Brechreiz conati di vomito [*konà:ti di wò:mito*]
Bronchitis bronchite [*bronkì:te*]
Bruch ernia [*àrni-a*]

Brustfellentzündung	pleurite [*ple-urì:te*]
Cholera	colera [*kolä:ra*]
Darmblutung	emorragia intestinale [*emorradschì:a intestinà:le*]
Darmkatarrh	catarro intestinale [*katàrro intestinà:le*]
Diphtherie	difterite [*difterì:te*]
Durchfall	diarrea [*di-arrä:a*]
Entzündung	infiammazione [*infi-ammatssi-ò:ne*]
Epilepsie	epilessia [*epilässì:a*]
Erbrechen	vomito [*wò:mito*]
Erfrierung	congelamento [*kondschelamènto*]
Erkältung	raffreddore [*raffreddò:re*]
farbenblind	daltonico [*daltò:niko*]
Fieber	febbre [*fèbbre*]
Furunkel	foruncolo [*forùnkolo*]
Gallensteine	calcoli biliari [*kàlkoli bili-à:ri*]
Gehirnerschütterung	commozione cerebrale [*kommotssi-ò:ne tscherebrà:le*]
Gelbsucht	itterizia [*itterìtssi-a*]
Geschwür	ulcera [*ùltschera*]
Gicht	gotta [*gòtta*]
Grippe	influenza [*influ-äntssa*]
Halsweh	mal di gola [*màl dì gò:la*]
Hämorrhoiden	emorroidi [*emorrò:idi*]
harter Stuhlgang	stitichezza [*stitikètssa*]
Hautausschlag	esantema [*esantä:ma*]
Heiserkeit	raucedine [*ra-utsché:dine*]
Hepatitis	epatite [*epatì:te*]
Heuschnupfen	raffreddore da fieno [*raffreddò:re dà fi-è:no*]
Hexenschuß	lombaggine [*lombàddschine*]
hoher Blutdruck	pressione alta [*pressi-ò:ne àlta*]
Husten	tosse [*tòsse*]
Infarkt	infarto [*infàrto*]
Infektion	infezione [*infetssi-ò:ne*]
Ischias	sciatica [*schà:tika*]
Keuchhusten	pertosse [*pertòsse*]
Kinderkrankheit	malattia infantile [*malattì:a infantì:le*]
Kinderlähmung	poliomielite [*poli-omi-elì:te*]
Knochenbruch	frattura [*frattù:ra*]
Kolitis	colite [*kolì:te*]
Kollaps	collasso [*kollàsso*]
Kopfweh	mal di testa [*màl dì tästa*]
Krampf	crampo [*kràmpo*]
Krampfadern	vene varicose [*wè:ne warikò:se*]
Krebs	cancro [*kànkro*]
Kreislaufprobleme	problemi circolatori [*problä:mi tschirkolatò:ri*]
Lähmung	paralisi [*paràlisi*]
Leukämie	leucemia [*le-utschemì:a*]
Lungenentzündung	polmonite [*polmonì:te*]
Magengeschwür	ulcera gastrica [*ùltschera gàstrika*]

Masern	morbillo [*morbìllo*]
Mattigkeit	spossatezza [*spossatètssa*]
Mittelohrentzündung	otite [*otì:te*]
Mumps	orecchioni [*orekki-ò:ni*]
Muskelriß	strappo muscolare [*stràppo muskolà:re*]
Nachtblindheit	emeralopia [*emeralopì:a*]
Nasenbluten	emorragia nasale [*emorradschì:a nasà:le*]
Nephritis	nefrite [*nefrì:te*]
Nervenzusammenbruch	esaurimento nervoso [*esa-urimènto nerwò:so*]
Neuralgie	nevralgia [*newraldschì:a*]
niedriger Blutdruck	pressione bassa [*pressi-ò:ne bàssa*]
Nierensteine	calcoli renali [*kàlkoli renà:li*]
Niesen	starnuto [*starnù:to*]
Ohnmacht	svenimento [*swenimènto*]
Pilzvergiftung	avvelenamento da funghi [*awwelenamènto dà fùngi*]
Pocken	vaiolo [*wa-i-ò:lo*]
Prellung	contusione [*kontusi-ò:ne*]
rascher Pulsschlag	polso frequente [*pòlsso frekuènte*]
Rauschgiftsüchtiger	tossicodipendente [*tossikodipendènte*]
Rheumatismus	reumatismo [*re-umatìsmo*]
Röteln	rosolia [*rosolì:a*]
Rückenschmerzen	mal di schiena [*màl dì ski-è:na*]
Scharlach	scarlattina [*skarlattì:na*]
Schlaflosigkeit	insonnia [*inssònni-a*]
Schmerzen	dolori [*dolò:ri*]
Schnittwunde	ferita da taglio [*ferì:ta dà tàljo*]
Schock	shock [*schòk*]
Schüttelfrost	brividi [*brì:widi*]
Schwellung	gonfiore [*gonfi-ò:re*]
Schwindel	vertigine [*wertì:dschine*]; capogiro [*kapodschì:ro*]
Seitenstechen	fitte al fianco [*fitte àl fi-ànko*]
Sodbrennen	bruciori di stomaco [*brutschò:ri dì stò:mako*]
Sonnenbrand	scottatura solare [*skottatù:ra ssolà:re*]
Sonnenstich	colpo di sole [*kòlpo di ssò:le*]
Tachykardie	tachicardia [*takikardì:a*]
Taubheit	sordità [*ssordità*]
Thrombose	trombosi [*trombò:si*]
Typhus	tifo [*tì:fo*]
Übelbefinden	malessere [*malèssere*]
Übelkeit	nausea [*nà-use-a*]
Verbrennung	ustione [*usti-ò:ne*]
Verdauungsstörung	indigestione [*indidschesti-ò:ne*]
Vereiterung	suppurazione [*ssuppuratssi-ò:ne*]
Vergiftung	avvelenamento [*awwelenamènto*]
Verrenkung	lussazione [*lussatssi-ò:ne*]
Verstauchung	distorsione [*distorssi-ò:ne*]; slogatura [*slogatù:ra*]
Windpocken	varicella [*waritschèlla*]

Wunde	ferita [*ferì:ta*]
Wundstarrkrampf	tetano [*tè:tano*]
Zerrung	stiramento [*stiramènto*]
Zuckerkrankheit	diabete [*di-abè:te*]

BEHANDLUNG

WER HILFT?

Apotheke	farmacia [*farmatschì:a*]
Apotheker	farmacista [*farmatschìsta*]
Arzt	medico [*mädiko*]
Arztpraxis	ambulatorio [*ambulatò:ri-o*]
Augenarzt	oculista [*okulìsta*]
Chirurg	chirurgo [*kirùrgo*]
Erste Hilfe	pronto soccorso [*prònto ssokkòrsso*]
Facharzt	specialista [*spetschalìsta*]
Facharzt für Erkrankungen der Atemwege	specialista in malattie respiratorie [*spetschalìsta ìn malattì:e respiratò:ri-e*]
Facharzt für Lungenkrankheiten	specialista in malattie polmonari [*spetschalìsta ìn malattì:e polmonà:ri*]
Facharzt für rheumatische Erkrankungen	specialista in malattie reumatiche [*spetschalìsta ìn malattì:e re-umà:tike*]
Frauenarzt	ginecologo [*dschinekò:logo*]
Gemeindearzt	medico condotto [*mädiko kondòtto*]
Hals-, Nasen- und Ohrenarzt	otorinolaringoiatra [*otorinolarìngo-i-atra*]
Herzspezialist	cardiologo [*kardi-ò:logo*]
homöopathische Medizin	medicina omeopatica [*meditschì:na ome-opà:tika*]
Internist	internista [*internìsta*]
Kinderarzt	pediatra [*pedi-àtra*]
Krankenwagen	ambulanza [*ambulàntssa*]
Neurologe	neurologo [*ne-urò:logo*]
Orthopäde	ortopedico [*ortopä:diko*]
Psychiater	psichiatra [*psiki-àtra*]
Psychologe	psicologo [*psikò:logo*]
praktischer Arzt	medico generico [*mädiko dschenè:riko*]
Röntgenologe	radiologo [*radi-ò:logo*]
Sportmediziner	specialista in medicina dello sport [*spetschalìsta ìn meditschì:na dèllo spòrt*]
Sprechstunde	orario di visita [*orà:ri-o dì wì:sita*]
Traumatologe	traumatologo [*tra-umatò:logo*]
Urologe	urologo [*urò:logo*]
Wartesaal	sala d'aspetto [*ssà:la daspätto*]
Zahnarzt	dentista [*dentìsta*]

Rufen Sie bitte sofort einen Arzt	Chiami subito un medico, per favore [*ki-à:mi ssùbito un mädiko pèr fawò:re*]
Wo ist hier in der Nähe ein praktischer Arzt?	Dov'è un medico generico qui vicino? [*dowä un mädiko dschenè:riko kuì witschì:no?*]
Wann hat er Sprechstunde?	Quando riceve? [*kuàndo ritschè:we?*]
Seit einigen Tagen fühle ich mich nicht wohl	Da alcuni giorni non mi sento bene [*dà alkù:ni dschòrni nòn mì ssènto bè:ne*]
Ich habe starke Kopfschmerzen und häufig Schwindelanfälle	Ho un forte mal di testa e soffro spesso anche di vertigini [*ò un fòrte màl di tästa e sòffro spèsso ànke di wertì:dschini*]
Ich habe kein Fieber	Non ho la febbre [*nòn ò la fèbbre*]
Gestern hatte ich hohes Fieber	Ieri avevo la febbre alta [*i-è:ri awè:wo la fèbbre àlta*]
Mein Blutdruck ist viel zu niedrig. Die Hitze macht mir zu schaffen	La mia pressione è troppo bassa. Non sopporto il caldo [*la mì:a pressi-ò:ne ä tròppo bàssa; nòn ssoppòrto il kàldo*]
Welche Nebenwirkungen hat dieses Medikament?	Quali effetti secondari ha questo farmaco? [*kuà:li effätti ssekondà:ri à kuèsto fàrmako?*]
Wie oft muß ich das Medikament einnehmen?	Quante volte al giorno devo prendere il farmaco? [*kuànte wòlte àl dschòrno dè:wo prändere il fàrmako?*]
Einen Kaffeelöffel, vor oder nach dem Essen?	Un cucchiaino da caffè, primo o dopo i pasti? [*ùn kukki-a-ì:no dà kaffä, prì:ma o dò:po i pàsti?*]
Können Sie mir für dieses Medikament ein Rezept ausstellen?	Può farmi una ricetta per questo farmaco? [*pu-ò fàrmi ù:na ritschätta pèr kuèsto fàrmako?*]
Können sie mir ein ärztliches Attest ausstellen?	Può rilasciarmi un certificato medico? [*pu-ò rilaschàrmi un tschertifikà:to mädiko?*]
Ich brauche es für die Versicherung	Mi serve per l'assicurazione [*mì ssärwe pèr lassikuratssi-ò:ne*]
Ziehen Sie sich bitte aus	Si spogli per favore [*ssi spòlji pèr fawò:re*]
Atmen sie tief	Respiri profondamente [*respì:ri profondamènte*]
Öffnen Sie den Mund	Apra la bocca [*à:pra la bòkka*]
Zeigen Sie mir Ihre Zunge	Mi faccia vedere la lingua [*mì fàttscha wedè:re la lìngu-a*]
Was haben Sie gegessen?	Che cosa ha mangiato? [*kè kò:sa à mandschà:to?*]
Sie sollten eine Blut- und Urinuntersuchung machen lassen	Dovrebbe fare delle analisi del sangue e delle urine [*dowrèbbe fà:re dèlle anà:lisi dèl ssàngu-e e dèlle urì:ne*]
Hüten Sie einige Tage das Bett	Rimanga a letto un paio di giorni [*rimànga à lätto un pà-i-o di dschòrni*]

Es ist nichts Schlimmes	Non è nulla di grave [*nòn ä nùlla di grà:we*]
Ich muß Sie ins Krankenhaus einweisen. Der Knöchel ist gebrochen	Devo farla ricoverare. La caviglia è rotta [*dè:wo fàrla rikowerà:re; là kawìlja ä ròtta*]
Sie müssen sofort ins Krankenhaus. Der Blinddarm muß raus	Deve farsi ricoverare subito. Bisogna togliere l'appendice [*dèwe fàrssi rikowerà:re ssùbito; bisònja tòljere lappendì:tsche*]

BEIM ZAHNARZT

Abdruck	impronta [*imprònta*]
Abszeß	ascesso [*aschässo*]
Aufbau	ricostruzione [*rikostrutssi-ò:ne*]
aufbereiten	preparare [*preparà:re*]
Bandkrone	corona a nastro [*korò:na à nàstro*]
Befund	reperto [*repärto*]
Beratung	consulenza [*konssulàntssa*]
Beratung bei Nacht	consulenza notturna [*konssulàntssa nottùrna*]
Beratung an Sonn- und Feiertagen	consulenza nei giorni festivi [*konssulàntssa nè:i dschòrni festì:wi*]
Beseitigung scharfer Zahnkanten	eliminazione di spigoli dentali taglienti [*eliminatssi-ò:ne di spì:goli dentà:li taljànti*]
bohren	trapanare [*trapanà:re*]
Brücke	ponte [*pònte*]
Bügel	arco [*àrko*]
Devitalisation	devitalizzazione [*dewitalidsatssi-ò:ne*]
Einschleifen	molaggio [*moladdscho*]
einwurzelig	con un'unica radice [*kòn unù:nika radì:tsche*]
Entfernung einer Krone	eliminazione di una corona [*eliminatssi-òne di ù:na korò:na*]
Erneuerung einer Facette	sostituzione di una faccetta [*ssostitutssi-ò:ne di ù:na fatschètta*]
Erneuerung einer Verblendschale	sostituzione di una cassetta [*ssostitutssi-ò:ne di ù:na kassètta*]
Extraktion	estrazione [*estratssi-ò:ne*]
Füllung	otturazione [*otturatssi-ò:ne*]
gurgeln	fare i gargarismi [*fà:re i gargarìsmi*]
Hülse	capsula [*kàpssula*]
Inzision eines Abszesses	incisione di un ascesso [*intschisi-ò:ne di un aschässo*]
Infiltrationsanästhesie	anestesia infiltrante [*anestesì:a infiltrànte*]
Karies	carie [*kàri-e*]
Klammer	gancio [*gàntscho*]
mehrwurzelig	con più radici [*kòn pi-ù radì:tschi*]

Metallbasis	scheletrato in lega d'acciaio [*skeletrà:to in lè:ga dattschà:i-o*]
Milchzahn	dente di latte [*dènte di làtte*]
Naht	cucitura [*kutschitù:ra*]
oberflächlich	superficiale [*ssuperfitschà:le*]
Prothese	protesi [*prò:tesi*]
Pulpa	polpa [*pòlpa*]
spülen	sciacquare [*schakuà:re*]
Stifkrone	corona a perno [*korò:na à pȁrno*]
Stiftanker	ancoraggio a perno [*ankoràddscho à pȁrno*]
Stiftaufbau	ricostruzione a perno [*rikostrutssi-ò:ne à pȁrno*]
Stiftzahn	dente a perno [*dènte à pȁrno*]
tieffrakturiert	fratturato in profondità [*fratturà:to in profondità*]
tiefliegend	profondo [*profòndo*]
Verblendkrone	capsula/corona a cassetta [*kàpssula/korò:na a kassètta*]
Weisheitszahn	dente del giudizio [*dènte dèl dschudì:tssi-o*]
Wiederbefestigen einer Brücke	rifissaggio di un ponte [*rifissàddscho di un pònte*]
wiedereinsetzen	reinserire [*re-insserì:re*]
Wiederherstellung der Prothese	ripristino della protesi [*riprìstino dèlla prò:tesi*]
Wurzel	radice [*radì:tsche*]
Wurzelkanalfüllung	otturazione canalare di radice [*otturatssi-ò:ne kanalà:re di radì:tsche*]
Wurzelstift	perno nella radice [*pȁrno nèlla radì:tsche*]
Zahnbürste	spazzolino [*spatssolì:no*]
Zahnfleisch	gengiva [*dschendschì:wa*]
Zahnfleischentzündung	gengivite [*dschendschiwì:te*]
Zahnstein	tartaro [*tàrtaro*]
ziehen	estrarre [*estràrre*]

Können Sie mir einen Zahnarzt empfehlen?	Può raccomandarmi un dentista? [*pu-ò rakkomandàrmi un dentìsta?*]
Ich möchte einen Termin vereinbaren	Vorrei fissare un appuntamento [*worrȁ:i fissà:re un appuntamènto*]
Ich habe schreckliche Zahnschmerzen	Ho un terribile mal di denti [*ò un terrì:bile màl di dènti*]
Ich habe eine Karies	Ho una carie [*ò ù:na kà:ri-e*]
hier oben/hier unten tut es mir weh	Qui sopra/qui sotto mi fa male [*kuì ssò:pra/kuì ssòtto mì fà mà:le*]
Eine Füllung ist herausgebrochen	Ho perso un'otturazione [*ò pȁrsso unotturatssi-ò:ne*]
Dieser Zahn wackelt/ist gebrochen	Questo dente si muove/si è rotto [*kuèsto dènte ssi mu-ò:we/ssi ȁ ròtto*]
Muß man den Zahn ziehen?	Bisogna estrarre il dente? [*bisònja estràrre il dènte?*]

Können Sie mir diesen Zahn provisorisch richten?	Può curarmi provvisoriamente questo dente? [*pu-ò kuràrmi prowwissori-amènte kuèsto dènte?*]
Wie viele Stunden darf ich nichts essen?	Per quante ore non devo mangiare? [*pèr kuànte ò:re nòn dè:wo mandschà:re?*]
Muß ich noch einmal kommen?	Devo tornare un'altra volta? [*dè:wo tornà:re unàltra wòlta?*]

IM KRANKENHAUS

Ambulatorium	ambulatorio [*ambulatò:ri-o*]
Anfall	attacco [*attàkko*]
Ansteckung	contagio [*kontà:dscho*]
Antitetanusspritze	iniezione antitetanica [*ini-etssi-ò:ne antitetà:nika*]
Arznei	medicina [*meditschì:na*]; farmaco [*fàrmako*]
ärztliche Untersuchung	visita medica [*wìsita mädika*]
ärztliche Verordnung	ricetta medica [*rischätta mädika*]
auf dem Weg der Genesung sein	essere in convalescenza [*ässere in konwaleschäntssa*]
behandelnder Arzt	medico curante [*mädiko kurànte*]
Beruhigungsmittel	calmante [*kalmànte*]
Besuchszeit	orario di visita [*orà:ri-o di wì:sita*]
Blutbild	quadro ematologico [*kuà:dro ematolò:dschiko*]
Blutentnahme	prelievo del sangue [*preli-è:wo dèl ssàngu-e*]
Blutgruppe	gruppo sanguigno [*grùppo ssangu-ìnjo*]
Blutspender	donatore [*donatò:re*]
Blutübertragung	trasfusione [*trassfusi-ò:ne*]
Chefarzt	primario [*primà:ri-o*]
Chirurg	chirurgo [*kirùrgo*]
chirurgischer Eingriff	intervento chirurgico [*interwänto kirùrdschiko*]
Dauertropfinfusion	fleboclisi [*flebokl\ì:si*]; flebo [*flè:bo*]
Desinfektion	disinfezione [*dissinfetssi-ò:ne*]
Diagnose	diagnosi [*di-ànjosi*]
einliefern	ricoverare [*rikowerà:re*]
Entbindung	parto [*pàrto*]
entlassen	dimettere [*dimèttere*]
Entziehungskrise	crisi di astinenza [*krì:si di astinäntssa*]
Entzugserscheinung	sindrome da astinenza [*ssìndrome dà astinäntssa*]
Epidemie	epidemia [*epidemì:a*]
Fehlgeburt	aborto [*abòrto*]
Fieber	febbre [*fèbbre*]
Fieberkurve	diagramma della temperatura [*di-agràmma dèlla temperatù:ra*]
Geburtshelfer	ostetrico [*ostätriko*]
Genesung	guarigione [*gu-aridschò:ne*]

Gipsverband	ingessatura [*indschessatù:ra*]
Hebamme	ostetrica [*ostètrika*]; levatrice [*lewatrì:tsche*]
Heilanstalt	casa di cura [*kà:sa di kù:ra*]; sanatorio [*ssanatò:ri-o*]
Infektion	infezione [*infetssi-ò:ne*]
Intensivstation	reparto di terapia intensiva [*repàrto di terapì:a intenssì:wa*]
intramuskoläre Einspritzung	iniezione intramuscolare [*ini-etssi-ò:ne intramuskolà:re*]
intravenöse Einspritzung	iniezione endovenosa [*ini-etssi-ò:ne endowenò:sa*]
Klinik	clinica [*klì:nika*]
Konsilium	consulto [*konssùlto*]
Krankenbericht	rapporto medico [*rappòrto mädiko*]
Krankengeschichte	anamnesi [*anamnè:si*]
Krankenpfleger	infermiere [*infermi-è:re*]
Krankensaal	corsia d'ospedale [*corssì:a dospedà:le*]
Krankenschein	certificato di malattia [*tschertifikà:to di malattì:a*]
Krankenschwester	infermiera [*infermi-è:ra*]
Krankenwagen	ambulanza [*ambulàntssa*]
Krankheit	malattia [*malattì:a*]
krank sein	essere ammalato [*ässere ammalà:to*]
Kreißsaal	sala parto [*ssà:la pàrto*]
Krise	crisi [*krì:si*]
Lumbalanästhesie	anestesia spinale [*anestesì:a spinà:le*]
Mittel	rimedio [*rimädi-o*]
Nachtschwester	infermiera di notte [*infermi-è:ra di nòtte*]
Narkose	anestesia [*anestesì:a*]
Oberschwester	caposala [*kapossà:la*]
Operation	operazione [*operatssi-ò:ne*]
Operationssaal	sala operatoria [*ssà:la operatò:ri-a*]
Operationstisch	letto operatorio [*lätto operatò:ri-o*]
operieren	operare [*operà:re*]
örtliche Betäubung	anestesia locale [*anestesì:a lokà:le*]
Patient	paziente [*patssi-änte*]
Rekonvaleszenz	convalescenza [*konwaleschäntssa*]
Schieber, Bettpfanne	padella [*padälla*]
Schutzimpfung	vaccinazione [*wattschinatssi-ò:ne*]
Spritze	siringa [*ssirìnga*]; iniezione [*ini-etssi-ò:ne*]
Stich	punto [*pùnto*]
subkutane Infusion	ipodermoclisi [*ipodermoklì:si*]
Tragbahre	lettiga [*lettì:ga*]
Verband	benda [*bènda*]; fascia [*fàscha*]
Wiederbelebung	rianimazione [*ri-animatssi-ò:ne*]
Wiederbelebungszentrum	centro di rianimazione [*tschèntro di ri-animatssi-ò:ne*]

Bitte verständigen Sie meine Familie	Per favore, avvisi la mia famiglia [*pèr fawò:re awwì:si là mì:a famìlja*]
Benachrichtigen Sie das Konsulat	Informi il consolato [*infòrmi il konssolà:to*]

Könnten Sie mir ein schmerzstillendes Mittel geben?	Potrebbe darmi un analgesico? [*potrèbbe dàrmi un analdschè:siko?*]
Wann darf ich aufstehen?	Quando potrò alzarmi? [*kuàndo potrò altssàrmi?*]
Wann werde ich entlassen?	Quando verrò dimesso? [*kuàndo werrò dimèsso?*]

IN DER APOTHEKE

Abführmittel	purgante [*purgànte*]
Alkohol	alcool [*alkò:l*]
Ampulle	fiala [*fi-à:la*]
Antibabypille	pillola anticoncezionale [*pìllola antikontschetssi-onà:le*]
Antibiotikum	antibiotico [*antibi-ò:tiko*]
Antidiabetikum	antidiabetico [*antidi-abä̀:tiko*]
Antiseptikum	antisettico [*antisä̀ttiko*]
antiseptische Salbe	crema antisettica [*krä̀:ma antisä̀ttika*]
Aspirin	aspirina [*aspirì:na*]
auf nüchternen Magen	a stomaco vuoto [*à stòmako wu-ò:to*]
Augentropfen	collirio [*kollì:ri-o*]
äußerlich anzuwenden	per uso esterno [*pèr ù:so estä̀rno*]
Baldriantropfen	gocce di valeriana [*gòttsche di waleri-à:na*]
Beruhigungsmittel	tranquillante [*trankuillànte*]
blutstillendes Mittel	antiemorragico [*antiemorrà:dschiko*]
Borvaselin	vasellina borica [*wasellì:na bò:rika*]
Borwasser	acqua borica [*àkkua bò:rika*]
Brandsalbe	unguento contro le scottature [*ungu-ä̀nto kòntro le skottatù:re*]
Damenbinden	assorbenti igienici [*assorbä̀nti idschè:nitschi*]
Desinfektionsmittel	disinfettante [*dissinfettànte*]
doppelkohlensaures Natrium (Speisenatron)	bicarbonato di sodio [*bikarbonà:to di ssò:di-o*]
Dragée	pillola confettata [*pìllola konfettà:ta*]
dreimal täglich	tre volte al giorno [*trä̀ wòlte àl dschòrno*]
einnehmen	prendere [*prä̀ndere*]
Eisbeutel	borsa del ghiaccio [*bòrssa dèl gi-àttscho*]
elastische Binde	benda elastica [*bènda elàstika*]
Fiebermittel	antipiretico [*antipirè:tiko*]
Fieberthermometer	termometro [*termò:metro*]
Fieberzäpfchen	supposta antipiretica [*suppòsta antipirè:tika*]
für Erwachsene	per adulti [*pèr adùlti*]
für Kinder	per bambini [*pèr bambì:ni*]
Gaze	garza [*gàrdsa*]
Gipsbinde	benda gessata [*bènda dschessà:ta*]

Glyzerin	glicerina [*glitscherì:na*]
Großpackung	confezione grande [*konfetssi-ò:ne grànde*]
Gummistrumpf	calza elastica [*kàltssa elàstika*]
Halswehtabletten	pasticche contro il mal di gola [*pastìkke kontrò il màl di gò:la*]
harntreibendes Mittel	diuretico [*di-urä:tiko*]
Heftpflaster	cerotto [*tscheròtto*]
Hustensaft	sciroppo contro la tosse [*schiròppo kòntro la tòsse*]
innerlich anzuwenden	per uso interno [*pèr ù:so intärno*]
Jodtinktur	tintura di iodio [*tintù:ra di i-ò:di-o*]
Kamillentee	camomilla [*kamomìlla*]
Klistierspritze	siringa per clistere [*ssirìnga pèr klistä:re*]
Kopfwehtablette	pastiglia contro il mal di testa [*pastìlja kòntro il màl di tästa*]
Kräftigungsmittel	ricostituente [*rikostitu-ènte*]
krampflösendes Mittel	antispastico [*antispàstiko*]
Kräutertee	tisana [*tisà:na*]
laut ärztlicher Verordnung	come da prescrizione medica [*kò:me dà preskritssi-ò:ne mä:dika*]
Laxativ	lassativo [*lassatì:wo*]
Mullbinde	benda [*bènda*]
Mundwasser	colluttorio [*kollutò:ri-o*]
nach dem Essen	dopo i pasti [*dò:po i pàsti*]
Ohrenstäbchen	bastoncini cotonati [*bastontschì:ni kotonà:ti*]; cotton fioc [*kòtton fi-òk*]
Ohrentropfen	gocce per le orecchie [*gòttsche pèr le orèkki-e*]
Pille	pillola [*pìllola*]
Präservativ	profilattico [*profilàttiko*]
Puder	borotalco [*borotàlko*]
Rosenhonig	miele rosato [*mi-è:le rosà:to*]
Salbe	pomata [*pomà:ta*]; unguento [*ungu-änto*]
Salbe gegen Insektenstiche	pomata contro le punture di insetti [*pomà:ta kòntro le puntù:re di inssätti*]
Schlaftablette	sonnifero [*ssonnì:fero*]
schlucken	inghiottire [*ingi-ottì:re*]
schmerzlinderndes, beruhigendes Mittel	calmante [*kalmànte*]
schmerzstillendes Mittel	analgesico [*analdschä:siko*]
Sirup	sciroppo [*schiròppo*]
Spritze	siringa [*ssirìnga*]
Stützstrumpf	calza riposante [*kàltssa riposànte*]
Tablette	compressa [*komprässa*]; pastiglia [*pastìlja*]
Tropfen	gocce [*gòttsche*]
verbinden	fasciare [*faschà:re*]
Verhütungsmittel	profilattico [*profilàttiko*]
Vitamintablette	compressa vitaminica [*komprässa witamì:nika*]
vor dem Essen	prima dei pasti [*prì:ma dè:i pàsti*]

vor Gebrauch schütteln	agitare prima dell'uso [*adschità:re prì:ma dellù:so*]
während der Mahlzeiten	durante i pasti [*durànte i pàsti*]
Wärmflasche	borsa dell'acqua calda [*bòrssa dellàkku-a kàlda*]
Wasserstoffsuperoxid	acqua ossigenata [*àkkua ossidschenà:ta*]
Watte	cotone idrofilo [*kotò:ne idrò:filo*]
Wegwerfspritze	siringa monouso [*ssirìnga mono-ù:so*]
Zäpfchen	supposta [*ssuppòsta*]

Wo ist die nächste diensthabende Apotheke?	Dov'è la farmacia di turno più vicina? [*dowä là farmatschì:a di tùrno pi-ù witschì:na?*]
Ich möchte ein Mittel gegen die Übelkeit beim Autofahren	Vorrei un rimedio contro il mal d'auto [*worrä:i un rimä:di-o kòntro il màl dà-uto*]
Kann ich ohne ärztliche Verordnung ein schmerzstillendes Mittel bekommen?	Posso avere un analgesico senza la ricetta medica? [*pòsso awè:re un analdschè:siko ssèntssa là ritschätta mädika?*]
Können Sie mir etwas gegen Zahnschmerzen geben?	Può darmi qualcosa contro il mal di denti? [*pu-ò dàrmi kualkò:sa kòntro il màl di dänti?*]
Muß ich diese Tabletten vor oder nach dem Essen einnehmen?	Devo prendere queste pastiglie prima o dopo i pasti? [*dè:wo prändere kuèste pastìlje prì:ma o dò:po i pàsti?*]

IM THERMALBAD

Bad	bagno [*bànjo*]
Dampfbad	bagno turco [*bànjo tùrko*]
Diät	dieta [*di-ä:ta*]
Fango	fango [*fàngo*]
Fangopackung	impacco di fango [*impàkko di fàngo*]
Genesungsheim	sanatorio [*ssanatò:ri-o*]
Gymnastik	ginnastica [*dschinnàstika*]
Heilbrunnen	sorgente di acqua minerale [*ssordschènte di àkkua minerà:le*]
Heilgymnastik	chinesiterapia [*kinesiterapì:a*]
inhalieren	inalare [*inalà:re*]
Kuraufenthalt	soggiorno di cura [*ssoddschòrno di kù:ra*]
Massage	massaggio [*massàddscho*]
Masseur	massaggiatore [*massaddschatò:re*]
Masseuse	massaggiatrice [*massaddschatrì:tsche*]
Sauna	sauna [*ssà-una*]
Thermalanstalt	terme [*tärme*]
Thermalbad	bagno termale [*bànjo termà:le*]
Thermalkur	cura termale [*kù:ra termà:le*]
Thermalquelle	fonte termale [*fònte termà:le*]
Ultrakurzwellentherapie	marconiterapia [*markoniterapì:a*]
Ultraschalltherapie	ultrasonoterapia [*ultrassonoterapì:a*]

XII SEHENSWÜRDIGKEITEN

Alter	età [*età*]
Amphitheater	anfiteatro [*anfite-à:tro*]
Architektur	architettura [*arkitettù:ra*]
Aussicht	panorama; vista [*panorà:ma; wìsta*]
Ausstellung	esposizione; mostra [*espositssi-ò:ne; mòstra*]
Bibliothek	biblioteca [*bibli-otä̀:ka*]
Bogen	arco [*àrko*]
Botanischer Garten	giardino botanico [*dschardì:no botà:niko*]
Brücke	ponte [*pònte*]
Brunnen	fontana [*fontà:na*]
Denkmal	monumento [*monumènto*]
Dom	duomo [*du-ò:mo*]
Einkaufszentrum	centro commerciale [*tschèntro kommertschà:le*]
Einrichtung	arredamento [*arredamènto*]
Epoche	epoca [*ä̀poka*]
Fassade	facciata [*fattschà:ta*]
Festung	fortezza [*fortètssa*]
Friedhof	cimitero [*tschimitä̀:ro*]
Galerie	galleria [*gallerì:a*]
Gasse	vicolo [*wì:kolo*]
Gebäude	edificio [*edifì:tscho*]
Glas	vetro [*wè:tro*]
Glasmalerei	pittura su vetro [*pittù:ra ssu wè:tro*]
Gottesdienst	funzione religiosa [*funtssi-ò:ne relidschò:sa*]
Grab	tomba [*tòmba*]
Grabmal	monumento sepolcrale [*monumènto ssepolkrà:le*]
Hafen	porto [*pòrto*]
Haus	casa [*kà:sa*]
Hochhaus	grattacielo [*grattatschè:lo*]
Innenhof	cortile interno [*kortì:le intä̀rno*]
Jahrhundert	secolo [*ssä̀kolo*]
Kanal	canale [*kanà:le*]
Kathedrale	cattedrale [*kattedrà:le*]
Kirche	chiesa [*ki-è:sa*]
Kloster	convento [*konwä̀nto*]
Königsschloß	palazzo reale [*palàtsso re-à:le*]
Laubengang	porticato [*portikà:to*]
Malerei	pittura [*pittù:ra*]
Markt	mercato [*merkà:to*]
Messe	fiera [*fi-è:ra*]
Möbel	mobile [*mò:bile*]
Mosaik	mosaico [*mosà-iko*]

Museum	museo [*musä-o*]
Oper	opera [*òpera*]
Palais	palazzo [*palàtsso*]
Park	parco [*pàrko*]
Portal	portale [*portà:le*]
Rathaus	municipio [*munitschì:pi-o*]
Ruinen	rovine [*rowì:ne*]
sanieren	ristrutturare [*ristrutturà:re*]
Säule	colonna [*kolònna*]
Schloß	castello [*kaställo*]
Stadtviertel	quartiere [*kuarti-è:re*]
Statue	statua [*stàtu:a*]
Stil	stile [*stì:le*]
Theater	teatro [*te-à:tro*]
Tiergarten	giardino zoologico [*dschardì:no dso-olò:dschiko*]
Turm	torre; campanile [*tòrre; kampanì:le*]
Vorort	sobborgo [*ssobbòrgo*]
Wiederaufbau	ricostruzione [*rikostrutssi-ò:ne*]
Zitadelle	rocca; cittadella [*ròkka; tschitadälla*]
Zugbrücke	ponte levatoio [*pònte lewatò:i-o*]

Wir möchten eine Stadtrundfahrt mitmachen. An wen müssen wir uns wenden?	Desideriamo partecipare ad un giro turistico della città. A chi possiamo rivolgerci? [*desideri-à:mo partetschipà:re àd un dschì:ro turìstiko dèlla tschittà; à kì possi-à:mo riwòldschertschi?*]
Können Sie uns eine Stadtrundfahrt empfehlen?	Può consigliarci un giro turistico in città? [*pu-ò konsiljàrtschi un dschì:ro turìstiko in tschittà?*]
Wieviel kostet die Rundfahrt?	Quanto costa il giro turistico? [*kuànto kòsta il dschì:ro turìstiko?*]
Gibt es eine Ermäßigung für Gruppen?	C'è una riduzione per gruppi? [*tschä ù:na ridutssi-ò:ne pèr grùppi?*]
Wann beginnt die Rundfahrt und wo fährt man ab?	Quando inizia il giro e da dove si parte? [*kuàndo inì:tssi-a il dschì:ro e dà dò:we ssi pàrte?*]
Wie kommt man zum Rathaus?	Come si arriva al municipio? [*kò:me ssi arrì:wa al munitschì:pi-o?*]
Wo ist das Museum?	Dov'è il museo? [*dowä il musä-o?*]

KIRCHEN UND MUSEEN

Abtei	abbazia [*abbatssì:a*]
Almosen	elemosina [*elemò:sina*]
Altar	altare [*altà:re*]
Apsis	abside [*àbsside*]
Baptisterium	battistero [*battistè:ro*]
Barock	barocco [*baròkko*]
Beichte	confessione [*konfessi-ò:ne*]
beichten	confessarsi [*konfessàrssi*]

beten	pregare [*pregà:re*]
Bibel	bibbia [*bìbbi-a*]
Bischof	vescovo [*wèskowo*]
Bogen	arco [*àrko*]
Buddhist	buddista [*buddìsta*]
Chor	coro [*kò:ro*]
Christentum	cristianesimo [*kristi-anè:simo*]
Erzbischof	arcivescovo [*artschiwèskowo*]
Evangelium	vangelo [*wandschè:lo*]
Firmung	cresima [*krè:sima*]
Freske	affresco [*affrèsko*]
Friedhof	cimitero [*tschimità:ro*]
Glocke	campana [*kampà:na*]
Gotik	gotico [*gò:tiko*]
Gott	dio [*dì:o*]
Gottesdienst	santa messa [*ssànta mèssa*]
Grab	tomba [*tòmba*]
Grabmal	monumento funerario [*monumènto funerà:ri-o*]
Heilige Messe	santa messa [*ssànta mèssa*]
Hinduismus	induismo [*indu-ìsmo*]
Jesus Christus	Gesù Cristo [*dschesù krìsto*]
Jude	ebreo [*ebrä̀:o*]
Kanzel	pulpito [*pùlpito*]
Kapelle	cappella [*kappä̀lla*]
Kardinal	cardinale [*kardinà:le*]
Kathedrale	cattedrale [*kattedrà:le*]
katholisch	cattolico [*kattò:liko*]
Kerze	candela [*kandè:la*]
Kirchenschiff	navata [*nawà:ta*]
Kloster	convento [*konwänto*]
Klosterbruder	frate; monaco [*frà:te; mònako*]
Klosterfrau	suora [*ssu-ò:ra*]
Kreuz	croce [*krò:tsche*]
Kreuzgang	chiostro [*ki-òstro*]
Kuppel	cupola [*kù:pola*]
Küster	sagrestano [*ssagrestà:no*]
Krypta	cripta [*krìpta*]
Mosaik	mosaico [*mosà-iko*]
Moschee	moschea [*moskè:a*]
Moslem	musulmano [*musulmà:no*]
Orgel	organo [*òrgano*]
orthodox	ortodosso [*ortodòsso*]
Ostern	Pasqua [*pàskua*]
Papst	papa [*pà:pa*]
Pfarrei	parrocchia [*parròkki-a*]
Pfarrer	parroco [*pàrroko*]
Predigt	predica [*prè:dika*]
Priester	sacerdote [*ssatscherdò:te*]
Prozession	processione [*protschessi-ò:ne*]
Religion	religione [*relidschò:ne*]
romanisch	romanico [*romà:niko*]

römisch	romano [*romà:no*]
Säule	colonna [*kolònna*]
Segen	benedizione [*beneditssi-ò:ne*]
segnen	benedire [*benedì:re*]
Stil	stile [*stì:le*]
Synagoge	sinagoga [*ssinagò:ga*]
Taufbecken	fonte battesimale [*fònte battesimà:le*]
Taufe	battesimo [*battè:simo*]
taufen	battezzare [*battedsà:re*]
Tempel	tempio [*tȁmpi-o*]
Turm	torre; campanile [*tòrre; kampanì:le*]
Urne	urna [*ùrna*]

Darf man in der Kirche fotografieren?	È permesso fare delle fotografie in chiesa? [*ȁ permèsso fà:re dèlle fotografì:e in ki-è:sa?*]
Ich möchte die Kirche besichtigen	Vorrei visitare la chiesa [*worrȁ:i wisità:re la ki-è:sa*]
Wann findet ein Gottesdienst statt?	Quando si celebra una messa? [*kuàndo ssi tschèlebra ù:na mèssa?*]
Kann man den Turm besteigen?	È possibile salire sul campanile? [*ȁ possì:bile ssalì:re ssùl kampanì:le?*]
Gibt es einen Lift?	C'è un ascensore? [*tschȁ un aschenssò:re?*]
Wann ist das Museum geöffnet?	Quando è aperto il museo? [*kuàndo ȁ apȁrto il musȁ:o?*]
Sind alle Säle zugänglich?	Sono accessibili tutte le sale? [*ssò:no attschessì:bili tùtte le ssà:le?*]
Wo ist das Volkskundemuseum?	Dov'è il museo delle tradizioni popolari? [*dovȁ il musȁ:o dèlle traditssi-ò:ni popolà:ri?*]

XIII FREIZEIT UND SPORT

KINO

Abenteuerfilm	film d'avventura [*film dawwentù:ra*]
Dokumentarfilm	documentario [*dokumentà:ri-o*]
Drehbuch	copione [*kopi-ò:ne*]
Erstaufführung	prima visione [*prì:ma wisi-ò:ne*]
Farbfilm	film a colori [*film à kolò:ri*]
Hauptdarsteller	protagonista [*protagonìsta*]
Kinokarte	biglietto [*biljètto*]
Krimi	film giallo [*film dschàllo*]; film poliziesco [*film politssi-èsko*]
Kritik	critica [*krì:tika*]
Leinwand	schermo [*skärmo*]
mit Untertiteln	con sottotitoli [*kòn ssottotì:toli*]
Pause	intervallo [*interwàllo*]
Parterre	platea [*platä:a*]
Pornofilm	film a luce rossa [*film à lù:tsche ròssa*]
Rang	galleria [*gallerì:a*]
Regisseur	regista [*redschìsta*]
Schauspieler/in	attore/attrice [*attò:re attrì:tsche*]
Schwarz-Weiß-Film	film in bianco e nero [*film in bi-ànko e nè:ro*]
Synchronisation	doppiaggio [*doppi-àddscho*]
Szene	scena [*schè:na*]
Tonstreifen	colonna sonora [*kolònna ssonò:ra*]
Uraufführung	prima visione [*prì:ma wisi-ò:ne*]
Vorstellung	spettacolo [*spettà:kolo*]
Wochenschau	documentario di attualità [*dokumentà:ri-o di attu-alità*]
Zeichentrickfilm	cartoni animati [*kartò:ni animà:ti*]
Zweitaufführung	seconda visione [*ssekònda wisi-ò:ne*]

Gibt es einen englischen/amerikanischen Film in Originalsprache?	Si proietta un film inglese/americano in lingua originale? [*ssi pro-i-ätta ùn film inglè:se/amerikà:no in lìngu-a oridschinà:le?*]
Können Sie mir einen guten Film empfehlen?	Può suggerirmi un buon film? [*pu-ò ssuddscherìrmi un bu-òn film?*]
Sind noch Plätze frei?	Vi sono ancora dei posti liberi? [*wì ssò:no ankò:ra dè:i pòsti lì:beri?*]
Wann beginnt die erste/letzte Vorstellung?	Quando inizia il primo/l'ultimo spettacolo? [*kuàndo inì:tssi-a il prì:mo/lùltimo spettà:kolo?*]
Wer sind die Schauspieler?	Chi sono gli attori? [*kì ssò:no ljì attò:ri?*]

KONZERT UND THEATER

Akt	atto [*àtto*]
Applaus	applauso [*applà:uso*]
Aufführung	spettacolo [*spettà:kolo*]; rappresentazione [*rappresentatssi-òne*]
Ballett	balletto [*ballètto*]
Begleitung	accompagnamento [*akkompanjamènto*]
Bühne	palcoscenico [*palkoschè:niko*]
Bühnenbild	scenografia [*schenografì:a*]
Chor	coro [*kò:ro*]
Dirigent	direttore d'orchestra [*direttò:re dorkästra*]
Drama	tragedia [*tradschä:di-a*]
Kammermusik	musica da camera [*mù:sika dà cà:mera*]
Kartenvorverkauf	prevendita biglietti [*prewändita biljètti*]
Kommödie	commedia [*kommä:di-a*]
Konzert	concerto [*kontschärto*]
Kostüme	costumi [*kostù:mi*]
Loge	palco [*pàlko*]
Opernglas	binocolo da teatro [*binò:kolo dà te-à:tro*]
Parkett	prime file di platea [*prì:me fì:le di platä:a*]
Parterre	platea [*platä:a*]
Platzanweiser	maschera [*màskera*]
Rampenlicht	luci della ribalta [*lù:tschi dèlla ribàlta*]
Reihe	fila [*fì:la*]
Rolle	parte [*pàrte*]
Sänger	cantante [*kantànte*]
Schauspieler/in	attore/attrice [*attò:re/attrì:tsche*]
Sinfonieorchester	orchestra sinfonica [*orkästra sinfò:nika*]
Solist	solista [*ssolìsta*]
Tänzerin	ballerina [*ballerì:na*]
Theaterkasse	botteghino [*bottegì:no*]
Vorhang	sipario [*ssipà:ri-o*]

DISKOS UND NACHTLOKALE

> Im Eintrittspreis von Diskotheken und Nachtlokalen ist zumeist ein Getränk inbegriffen.

Gibt es eine gute Disko hier in der Nähe?	C'è una buona discoteca qui vicino? [*tschä ù:na bu-ò:na diskotä:ka kuì witschì:no?*]
Gibt es gute Nachtlokale?	Ci sono dei buoni locali notturni? [*tschì ssò:no dè:i bu-ò:ni lokà:li nottùrni?*]
Wieviel kostet der Eintritt ins Spielkasino?	Quanto costa l'ingresso al casinò? [*kuànto kòsta lingrässo àl kasinò?*]

Ist Abendkleidung vorgeschrieben?	È necessario l'abito da sera? [*à netschessà:ri-o làbito dà ssè:ra?*]
Wie ist das Varietè?	Com'è il varietà? [*komà il wari-età?*]
Wollen Sie tanzen?	Vuole ballare? [*vu-ò:le ballà:re?*]
Hier ist ein schönes Tanzlokal	Qui c'è una bella sala da ballo [*kuì tschà ù:na bàlla ssà:la dà bàllo*]

SPIELE

Dame	dama [*dà:ma*]
Gesellschaftsspiele	giochi di società [*dschò:ki di ssotschi-età*]
Kartenspielen	giocare a carte [*dschokà:re à kàrte*]
abheben	alzare [*altssà:re*]
mischen	mescolare [*mescolà:re*]
Bube	fante [*fànte*]
Dame	donna [*dònna*]
König	re [*rè*]
As	asso [*àsso*]
Herz	cuori [*kuò:ri*]
Karo	quadri [*kuà:dri*]
Pik	picche [*pìkke*]
Kreuz	fiori [*fi-ò:ri*]
Mensch ärgere dich nicht	non t'arrabbiare [*nòn tarrabbi-à:re*]
Schach	scacchi [*skàkki*]
Würfelspiele	giochi con i dadi [*dschò:ki kòn i dà:di*]

SPORT

Alpinismus	alpinismo [*alpinìsmo*]
Autosport	automobilismo [*a-utomobilìsmo*]
Boxsport	pugilato [*pudschilà:to*]
Eislaufen	pattinaggio [*pattinàddscho*]
Fechten	scherma [*skärma*]
Fischen	pesca [*pèska*]
Fußball	calcio [*kàltscho*]
Golf	golf [*gòlf*]
Jagd	caccia [*kàttscha*]
Leichtathletik	atletica leggera [*atlä:tika leddschè:ra*]
Radsport	ciclismo [*tschiklìsmo*]
Reitsport	equitazione [*ekuitatssi-ò:ne*]
Rudersport	canottaggio [*kanottàddscho*]
Scheibenschießen	tiro a segno [*tì:ro à ssènjo*]
Schwimmen	nuoto [*nu-ò:to*]
Segelfliegen	volo a vela [*wò:lo à wè:la*]
Segeln	vela [*wè:la*]
Ski	sci [*schì*]
Tennis	tennis [*tännis*]
Tischtennis	pingpong [*pìngpong*]

Gibt es auch Pisten für Anfänger?	Ci sono anche piste per principianti? [*tschì ssò:no ànke pìste pèr printschipi-ànti?*]
Gibt es hier ein Schwimmbad?	C'è una piscina qui? [*tschä ù:na pischì:na kuì?*]
Ich möchte einen Sonnenschirm und zwei Liegestühle mieten	vorrei noleggiare un ombrellone e due sdraio [*worrä:i noleddschà:re un ombrellò:ne e dù:e sdrà:i-o*]
Ist hier Sandstrand?	C'è una spiaggia di sabbia? [*tschä ù:na spi-àddscha di ssàbbi-a?*]
Kann man noch Karten für das Spiel ... kaufen?	Si possono ancora comperare dei biglietti per la partita ...? [*ssi pòssono ankò:ra komperà:re dè:i biljètti pèr la partì:ta ...?*]
Kann man die Schläger leihen?	Si possono noleggiare le racchette? [*ssi pòssono noleddschà:re le rakkètte?*]
Wieviel kosten die Karten?	Quanto costano i biglietti? [*kuànto kòstano i biljètti?*]
Wo ist das Stadium?	Dov'è lo stadio? [*dowä lo stà:di-o?*]
Wo ist der Eispalast/das Schwimmbad/der Tennisplatz?	Dov'è il palazzo del ghiaccio/la piscina/il campo da tennis? [*dowä il palàtsso dèl gi-àttscho/là pischì:na/il kàmpo dà tännis?*]

ALPINISMUS

Alpenverein	club alpino [*klùb alpì:no*]
Bergführer	guida alpina [*gu-ì:da alpì:na*]
Biwak	bivacco [*biwàkko*]
Feldflasche	borraccia [*borràttscha*]
Fernglas	binocolo [*binò:kolo*]
Gehzeit	tempo di percorso [*tèmpo di perkòrsso*]
Gletscher	ghiacciaio [*gi-àttscha-i-o*]
Gletscherspalte	crepaccio [*krepàttscho*]
Haken	gancio [*gàntscho*]
Höhenmesser	altimetro [*altì:metro*]
Karabinerhaken	moschettone [*moskettò:ne*]
klettern	arrampicarsi [*arrampikàrssi*]; scalare [*skalà:re*]
Kletterpartie	scalata [*skalà:ta*]
Kletterschuhe	scarponcini da roccia [*skarpontschì:ni dà ròttscha*]
Kompaß	bussola [*bùssola*]
markiert	segnato [*senjà:to*]
Nagel	chiodo [*ki-ò:do*]
Pickel	piccozza [*pikkòtssa*]
Reepschnur, Rebschnur	cordino [*kordì:no*]
Rucksack	zaino [*dsà:ino*]
Schlafsack	sacco a pelo [*sàkko à pè:lo*]
Schneebrille	occhiali da neve [*okki-à:li dà nè:we*]
Schutzhütte	rifugio [*rifù:dscho*]
Seil	corda [*kòrda*]

Seilschaft	cordata [*kordà:ta*]
Steigeisen	rampone [*rampò:ne*]
Wand	parete [*parè:te*]
Wanderkarte	carta turistica [*kàrta turìstika*]
Wanderweg	sentiero [*ssenti-è:ro*]
Wegweiser	segnavia [*ssenjawì:a*]

AUTOSPORT

Autorennen	corsa automobilistica [*kòrssa a-utomobilìstika*]
Autorennfahrer	corridore automobilitico [*korridò:re a-utomobilìstiko*]
Bergstrecke	percorso in salita [*perkòrsso in ssalì:ta*]
Boxermotor	motore a cilindri contrapposti [*motò:re à tschilìndri kontrappòsti*]
Motor	motore [*motò:re*]
Probestrecke	circuito di prova [*tschirkù-ito di prò:wa*]
Rennbahn	autodromo [*a-utò:dromo*]
Rennleiter	direttore di gara [*direttò:re di gà:ra*]
Rennstrecke	percorso della gara [*perkòrsso dèlla gà:ra*]
Rennwagen	automobile da corsa [*a-utomò:bile dà kòrssa*]
Rundstrecke	circuito [*tschirkù:ito*]

BOXSPORT

Boxer	pugile [*pù:dschile*]
Boxhandschuh	guantone [*gu-antò:ne*]
Boxkampf	incontro di boxe [*inkòntro di bòks*]
Boxring	ring [*rìng*]
disqualifiziert	squalificato [*skualifikà:to*]
einstecken, nehmen	incassare [*inkassà:re*]
Federgewicht	peso piuma [*pè:so pi-ù:ma*]
Fliegengewicht	peso mosca [*pè:so mòska*]
Haken	gancio [*gàntscho*]
Hieb	colpo [*kòlpo*]
Kinnhaken	montante [*montànte*]; uppercut
K.O.	k.o. [*kàppa ò*]
nach Punkten besiegen	battere ai punti [*bàttere à:i pùnti*]
Ringrichter	arbitro [*àrbitro*]
Ringseil	corda [*kòrda*]
Schwergewicht	peso massimo [*pè:so màssimo*]
Tiefschlag	colpo basso [*kòlpo bàsso*]

EISLAUFEN

Eishockey	hockey su ghiaccio [*okkè:i ssù gi-àttscho*]

Eishockeyschläger	mazza [*màtssa*]
Eiskunstlauf	pattinaggio artistico [*pattinàddscho artìstiko*]
eislaufen	pattinare [*pattinà:re*]
Eislaufplatz	pista di pattinaggio [*pìsta di pattinàddscho*]
Eispalast	palazzo del ghiaccio [*palàtsso dèl gi-àttscho*]
Kür	esercizio libero [*esertschì:tssi-o lì:bero*]
Paarlauf	pattinaggio a coppie [*pattinàddscho à kòppi-e*]
Pflicht	esercizi obbligatori [*esertschì:tssi obbligatò:ri*]
Puck	disco [*dìsko*]
Schlittschuhe	pattini [*pàttini*]
Spieler	giocatore [*dschokatò:re*]
Tor	porta [*pòrta*]

FECHTEN

auf Hieb fechten	tirare di taglio [*tirà:re di tàljo*]
auf Stoß fechten	tirare di punta [*tirà:re di pùnta*]
Degenstich	stoccata [*stokkà:ta*]
Fechtboden	sala di scherma [*ssà:la di skärma*]
Fechtdegen	spada [*spà:da*]
fechten	tirare di scherma [*tirà:re di skärma*]
Fechter	schermitore [*skärmitò:re*]
Fechterstellung	in guardia [*in gu-àrdi-a*]
Fechthandschuh	guanto da scherma [*gu-ànto dà skärma*]
Fechtmaske	maschera [*màskera*]
Fechtmeister	maestro di scherma [*ma-ästro di skärma*]
Finte	finta [*fìnta*]
Florett	fioretto [*fi-orètto*]
Florettfechter	fiorettista [*fi-orettìsta*]
führen	menare [*menà:re*]
Gang	assalto [*assàlto*]
Hieb	fendente [*fändènte*]
Parade	parata [*parà:ta*]
parieren	parare [*parà:re*]
Säbel	sciabola [*schàbola*]

FISCHEN

Angelhaken	amo [*à:mo*]
Angelrute	canna da pesca [*kànna dà pèska*]
Angelschnur	lenza [*lèntssa*]
Blinker	esca di metallo luccicante [*èska di metàllo luttschikànte*]
Fischernetz	rete [*rè:te*]
Fischkorb	cesta per il pesce [*tschèsta pèr il pèsche*]

Fischkutter	motopeschereccio [*motopeskerèttscho*]
Fliegenrute	canna da mosca [*kànna dà mòsska*]
Kescher	guadino [*gu-adì:no*]
Köderfisch	pesce da esca [*pèsche dà èska*]
Rolle	mulinello [*mulinällo*]
Spinner	esca artificiale [*èska artifitschà:le*]
Spinnrute	canna da lancio [*kànna dà làntscho*]
Schwimmer	galleggiante [*galleddschànte*]

FUSSBALL

Abseits	fuori gioco [*fu-ò:ri dschò:ko*]
auswärts spielen	giocare in trasferta [*dschokà:re in trassfärta*]
Elfmeter	calcio di rigore [*kàltscho di rigò:re*]
Foul	fallo [*fàllo*]
Fußball	pallone [*pallò:ne*]
Halblinks	mezz'ala sinistra [*mädsà:la ssinìstra*]
Halbrechts	mezz'ala destra [*mädsà:la dästra*]
Halbzeit	intervallo [*interwàllo*]
Hand!	fallo di mano [*fàllo di mà:no*]
Heimspiel	giocare in casa [*dschokà:re in kà:sa*]
Kapitän	capitano [*kapità:no*]
Kopfball	colpo di testa [*kòlpo di tästa*]
Lattenschuß	tiro sulla traversa [*tì:ro ssùlla trawärssa*]
Läufer	mediano [*medi-à:no*]
Linienrichter	guardalinee [*gu-ardalì:ne-e*]
Linksaußen	ala sinistra [*à:la ssinìstra*]
Mannschaft	squadra [*skuà:dra*]
Meisterschaft	campionato [*kampi-onà:to*]
Mittelläufer	centromediano [*tschentromedi-à:no*]
Mittelstürmer	centravanti [*tschentrawànti*]
Niederlage	sconfitta [*skonfìtta*]
Rechtsaußen	ala destra [*à:la dästra*]
Schiedsrichter	arbitro [*àrbitro*]
Seitenaus	fallo laterale [*fàllo laterà:le*]
Sieg	vittoria [*wittò:ri-a*]
Spieler	giocatore [*dschokatò:re*]
Spielfeld	campo di gioco [*kàmpo di dschò:ko*]
Spielverlängerung	tempi supplementari [*tämpi supplementà:ri*]
Stadium	stadio [*stà:di-o*]
Strafraum	area di rigore [*à:re-a di rigò:re*]
Strafstoß	calcio di punizione [*kàltscho di punitssi-ò:ne*]
Tor	porta [*pòrta*]
Tormann	portiere [*porti-è:re*]
Torpfosten	palo [*pà:lo*]
Trainer	allenatore [*allenatò:re*]
Tribüne	tribuna [*tribù:na*]
unentschieden	pareggio [*parèddscho*]

Verteidiger	terzino [*tärtssì:no*]
Verteidigung	difesa [*difè:sa*]
Verwarnung	ammonizione [*ammonitssi-ò:ne*]

GOLF

Golfball	palla da golf [*pàlla dà gòlf*]
Golfer	giocatore di golf [*dschokatò:re di gòlf*]
Golfjunge	portamazze [*portamàtsse*]
Golfplatz	campo da golf [*kàmpo dà gòlf*]
Golfschläger	mazza da golf [*màtssa dà gòlf*]
Loch	buca [*bù:ka*]

JAGD-SCHIESSEN

anlegen	puntare [*puntà:re*]
Anstand	appostamento [*appostamènto*]
Bogenschießen	tiro con l'arco [*tì:ro kòn làrko*]
Büchse, Gewehr	fucile [*futschì:le*]
Doppelflinte	doppietta [*doppi-ètta*]
Hochstand	palchetto [*palkètto*]
Jagd	caccia [*kàttscha*]
Jagdaufseher	guardiacaccia [*gu-ardi-akàttscha*]
Jagdgesetz	leggi venatorie [*lèddschi wenatò:ri-e*]
Jagdgewehr	fucile da caccia [*futschì:le dà kàttscha*]
Jagdhund	cane da caccia [*kà:ne dà kàttscha*]
Jagdmesser	coltello da caccia [*koltàllo dà kàttscha*]
Jagdpartie	battuta di caccia [*battù:ta di kàttscha*]
Jagdschein	licenza di caccia [*litschàntssa di kàttscha*]
Jagdsperre	divieto di caccia [*diwi-è:to di kàttscha*]
Jagdtasche, Weidsack	carniere [*karni-è:re*]
Jäger, Weidmann	cacciatore [*kattschatò:re*]
Kugel	pallottola [*pallòttola*]
laden	caricare [*karikà:re*]
Patrone	cartuccia [*kartùttscha*]
Pistole	pistola [*pistò:la*]
Privatjagd	caccia riservata [*kàttscha risserwà:ta*]
Revier	riserva di caccia [*rissàrwa di kàttscha*]
Scheibenschießen	tiro a segno [*tì:ro à sènjo*]
schießen	sparare [*sparà:re*]
Schießstand	poligono di tiro [*polì:gono di tì:ro*]
Schrot	pallini [*pallì:ni*]
Tontaubenschießen	tiro al piattello [*tì:ro al pi-attàllo*]
visieren	centrare [*tschentrà:re*]
Wild	selvaggina [*sselwaddschì:na*]
Wilderei	bracconaggio [*brakkonàddscho*]
Wilderer	bracconiere [*brakkoni-è:re*]
Zielscheibe, Schießscheibe	bersaglio [*berssàljo*]
zielen	mirare [*mirà:re*]

LEICHTATHLETIK

Aschenbahn	pista di carbonella [*pìsta di karbonàlla*]
Athlet	atleta [*atlà:ta*]
Bahn	corsia [*korssì:a*]
Diskuswerfen	lancio del disco [*làntscho dèl dìsko*]
Dreisprung	salto triplo [*ssàlto trì:plo*]
Gehen	marcia [*màrtscha*]; podismo [*podìsmo*]
Geländelauf	corsa campestre [*kòrssa kampàstre*]
Hammerwerfen	lancio del martello [*làntscho dèl martàllo*]
Hindernislauf	corsa a ostacoli [*kòrssa à ostà:koli*]
Hochsprung	salto in alto [*ssàlto in àlto*]
Hürdenlauf	corsa a ostacoli [*kòrssa à ostà:koli*]
Kugelstoßen	lancio del peso [*làntscho dèl pè:so*]
Kurzstreckenlauf	corsa di velocità [*kòrssa di welotschità*]
Kurzstreckenläufer	velocista [*welotschìsta*]
Langstreckenlauf	corsa di fondo [*kòrssa di fòndo*]
Langstreckenläufer	fondista [*fondìsta*]
Marathonlauf	maratona [*maratò:na*]
Mittelstreckenlauf	mezzofondo [*mädsofòndo*]
Mittelstreckenläufer	mezzofondista [*mädsofondìsta*]
Speerwerfen	lancio del giavellotto [*làntscho dèl dschawellòtto*]
Stabhochsprung	salto con l'asta [*ssàlto kòn làsta*]
Staffellauf	staffetta [*staffètta*]
Turnhalle	palestra [*palàstra*]
Weitsprung	salto in lungo [*ssàlto in lùngo*]

RADSPORT

Bremse	freno [*frè:no*]
Dynamo	dinamo [*dì:namo*]
Etappensieger	vincitore di tappa [*wintschitò:re di tàppa*]
Fahrrad	bicicletta [*bitschiklètta*]
Fahrradlicht	fanale [*fanà:le*]
Felge	cerchione [*tscherki-ò:ne*]
Gabel	forcella [*fortschàlla*]
Gestell, Rahmen	telaio [*telà:i-o*]
Helfer	gregario [*gregà:ri-o*]
Hinterrad	ruota posteriore [*ru-ò:ta posteri-ò:re*]
Katzenauge	catarifrangente [*katarifrandschànte*]
Kette	catena [*katè:na*]
Kilometerzähler	contachilometri [*kontakilò:metri*]
Klingel	campanello [*kampanàllo*]
Kotflügel	parafango [*parafàngo*]
Lenkstange	manubrio [*manù:bri-o*]
Pedal	pedale [*pedà:le*]
Radfahrer	ciclista [*tschiklìsta*]
Radrennfahrer	corridore [*korridò:re*]
Rennrad	bicicletta da corsa [*bitschiklètta dà kòrssa*]

rosa Trikot	maglia rosa [*màlja rò:sa*]
Rundstreckenrennen	corsa su circuito [*kòrssa ssù tschirkù:ito*]
Sattel	sella [*ssälla*]
Schlauch	camera d'aria [*kà:mera dàri-a*]
Speiche	raggio [*ràddscho*]
sprinten	scattare [*skattà:re*]
Straßenrennen	corsa su strada [*kòrssa ssù strà:da*]
Verfolgungsrennen	corsa a inseguimento [*kòrssa à inssegu-imènto*]
Vorderrad	ruota anteriore [*ru-ò:ta anteri-ò:re*]
Zeitetappe, Zeitfahren	tappa a cronometro [*tàppa à kronò:metro*]

REITSPORT

Biß	morso [*mòrsso*]
Bügel	staffa [*stàffa*]
dem Pferd die Sporen geben	spronare il cavallo [*spronà:re il kawàllo*]
Favorit	favorito [*faworì:to*]
Fohlen	puledro [*pulè:dro*]
Galopprennen	corsa al galoppo [*kòrssa àl galòppo*]
Gangart	andatura [*andatù:ra*]
Graben	fosso [*fòsso*]
Hecke	siepe [*ssi-è:pe*]
Hindernis	ostacolo [*ostà:kolo*]
Jockei	fantino [*fantì:no*]
Mähne	criniera [*krini-è:ra*]
Pferd	cavallo [*kawàllo*]
Pferderennbahn	ippodromo [*ippò:dromo*]
Pferderennen	corsa di cavalli [*kòrssa di kawàlli*]
Reitbahn	maneggio [*manèddscho*]
reiten	cavalcare [*kawalkà:re*]
Reiter	cavaliere [*kawali-è:re*]
Reiterin	amazzone [*amàtssone*]
Reitgerte	frusta [*frùsta*]
Reithalle	maneggio coperto [*manèddscho kopärto*]
Reitstall	scuderia [*skuderì:a*]
Sattel	sella [*sälla*]
Scheuklappen	paraocchi [*para-òkki*]
Schritt	passo [*pàsso*]
Schwanz	coda [*kò:da*]
Sporn	sperone [*sperò:ne*]
Sprung	salto [*ssàlto*]
Striegel	striglia [*strìlja*]
Trab	trotto [*tròtto*]
Trabrennen	corsa al trotto [*kòrssa àl tròtto*]
Wette	scommessa [*skommèssa*]
Zaum	briglia [*brìlja*]
Ziel	traguardo [*tragu-àrdo*]
Zügel	redini [*rè:dini*]

RUDERSPORT

Bordwand	murata [*murà:ta*]
Dolle	scalmo [*skàlmo*]
Doppelpaddel	pagaia doppia [*pagà:i-a dòppi-a*]
Ducht	banco dei vogatori [*bànko dè:i wogatò:ri*]
Einer	monoposto [*monopòsto*]
Kajak	kayak [*ka-i-àk*]
Kanu	canoa [*kanò:a*]
Kiel	chiglia [*kìlja*]
Regatta	regata [*regà:ta*]
Rollsitz	sedia scorrevole [*sèdi-a skorrè:wole*]
Ruder	remo [*rè:mo*]
Ruderblatt	pala [*pà:la*]
Ruderboot	barca a remi [*bàrka à rè:mi*]
Ruderer	vogatore [*wogatò:re*]
Stechpaddel	pagaia [*pagà:i-a*]
Steuermann	timoniere [*timoni-è:re*]
mit/ohne	con/senza [*kòn/ssèntssa*]
Steuerruder	timone [*timò:ne*]
Steven	diritto di poppa [*dirìtto di pòppa*]
Wildwasser	torrente [*torrènte*]
Zweier	biposto [*bipòsto*]

SCHWIMMEN

Armeslänge, Stoß	bracciata [*brattschà:ta*]
Beckenlänge	vasca [*wàska*]
Brustschwimmen	rana [*rà:na*]
Delphinstil	nuoto a delfino [*nu-ò:to à delfì:no*]
Freistil	stile libero [*stì:le lì:bero*]
Kraulen	crawl [*krò:l*]
Rückenschwimmen	dorso [*dòrsso*]
Schmetterlingsstil	nuoto a farfalla [*nu-ò:to à farfàlla*]
Schwimmbad	piscina [*pischì:na*]
Startblock	base di partenza [*bà:se di partèntssa*]
tauchen	tuffarsi [*tuffàrssi*]
Trampolinspringen	salto dal trampolino [*ssàlto dàl trampolì:no*]
Turmspringen	salto dalla piattaforma [*ssàlto dàlla pi-attafòrma*]
Wettschwimmen	gara di nuoto [*gà:ra di nu-ò:to*]

SEGELFLIEGEN

gleiten	planare [*planà:re*]
Segelflieger	volovelista [*wolowelìsta*]
Segelflug	volo a vela [*wò:lo à wè:la*]
Segelflugzeug	aliante [*ali-ànte*]

SEGELN

Bug	prua [*prù:a*]
Fockmast	albero di trinchetto [*àlbero di trinkètto*]
Gaffel	picco [*pìkko*]
Gaffelsegel	randa [*rànda*]
Großmast	albero maestro [*àlbero ma-àstro*]
Hauptspant	ordinata maestra [*ordinà:ta ma:àstra*]
Heck	poppa [*pòppa*]
Jolle	iolla [*i-òlla*]
Kajüte	cabina [*kabì:na*]
Klüver	fiocco [*fi-òkko*]
Mastring	cappa d'albero [*kàppa dàlbero*]
Piek	penna [*pènna*]
Plicht	poppetta [*poppètta*]
Regatta	regata [*regà:ta*]
Schwert	deriva [*derì:wa*]
Segel	vela [*wè:la*]
Segelboot	barca a vela [*bàrka à wè:la*]
Segeljacht	panfilo a vela [*pànfilo à wè:la*]
Spinnaker	fiocco a pallone [*fi-òkko à pallò:ne*]
Toppsegel	controranda [*kontrorànda*]

SKI

Abfahrt	discesa libera [*dischè:sa lì:bera*]
Anorak	giacca a vento [*dschàkka à wènto*]
Bindung	attacco [*attàkko*]
Gondel	gondola [*gòndola*]
Harsch	neve crostosa [*nè:we krostò:sa*]
Langlauf	sci di fondo [*schì di fòndo*]
Piste	pista [*pìsta*]
Pulverschnee	neve farinosa [*nè:we farinò:sa*]
Riesentorlauf	slalom gigante [*sslà:lom dschigànte*]
Schneekatze	gatto delle nevi [*gàtto dèlle nè:wi*]
Schneelawine	valanga [*walànga*]
Schneepflug	spazzaneve [*spatssanè:we*]
Sessellift	seggiovia [*seddschowì:a*]
Skianzug	tuta da sci [*tù:ta da schì*]
skifahren	sciare [*schi-à:re*]
Skifahrer	sciatore [*schi-atò:re*]
Skilift	sciovia [*schi-owì:a*]
Skistock	racchetta [*rakkètta*]
Skiwachs	sciolina [*schi-olì:na*]
Spezialslalom	slalom speciale [*sslà:lom spetschà:le*]
Wasserski	sci nautico [*schì nàutiko*]

TENNIS

Balljunge	raccattapalle [*rakkattapàlle*]

Damendoppel	doppio femminile [*dòppi-o femminì:le*]
Dameneinzel	singolo femminile [*ssìngolo femminì:le*]
Flugball	volata [*wolà:ta*]
gemischtes Doppel	doppio misto [*dòppi-o mìsto*]
Grundlinie	linea di fondo [*lì:ne-a di fòndo*]
Herrendoppel	doppio maschile [*dòppi-o maskì:le*]
Herreneinzel	singolo maschile [*ssìngolo maskì:le*]
Rückhandschlag	rovescio [*rowä̀:scho*]
Schlag	battuta [*battù:ta*]
Schmetterball	schiacciata [*ski-attschà:ta*]
Set	set [*ssä̀t*]
Spiel	gioco [*dschò:ko*]
Tennisball	palla [*pàlla*]
Tennisplatz	campo da tennis [*kàmpo dà tä̀nnis*]
Tennisschläger	racchetta [*rakkètta*]
Tennisturnier	torneo di tennis [*tornä̀:o di tä̀nnis*]
ungültiger Aufschlag	fallo di battuta [*fàllo di battù:ta*]
Vorhand	diritto [*dirìtto*]

TISCHTENNIS

Netz	rete [*rè:te*]
Punktezahl	punteggio [*puntèddscho*]
Schläger	racchetta [*rakkètta*]
Schmetterball	schiacciata [*ski-attschà:ta*]
schmettern	schiacciare [*ski-attschà:re*]
Tisch	tavolo [*tà:wolo*]

XIV ABKÜRZUNGEN

ab.	abitanti [*abitànti*]	Einwohner
a.C.	avanti Cristo [*awànti krìsto*]	vor Christi Geburt
ACI	[*à:tschi*] Automobile Club d'Italia	Italienischer Automobilclub
ANSA	[*ànssa*] Agenzia Nazionale Stampa Associata	Vereinigte Italienische Presseagentur
AVIS	[*à:wiss*] Associazione Volontari del Sangue	Blutspenderverein
BEI	[*bè-i*] Banca Europea degli Investimenti	Europäische Investitionsbank
CAI	[*kà-i*] Club Alpino Italiano	Italienischer Alpenverein
CAP	[*kàp*] Codice Avviamento Postale	Postleitzahl
CC	carrozza cuccette [*karròtssa kuttschètte*]	Liegewagen
CEE	[*tschè-e*] Comunità Economica Europea	EWG
CIT	[*tschìtt*] Compagnìa Italiana del Turismo	Italienische Fremdenverkehrsagentur
c.m.	[*tschì-ämme*] corrente mese	d.M.
CONI	[*kò:ni*] Comitato Olimpionico Nazionale Italiano	Italienischer Nationalausschuß für die Olympischen Spiele
C.P.	[*tschìpì*] casella postale	Postfach
CRI	Croce Rossa Italiana [*krò:tsche ròssa itali-à:na*]	Italienisches Rotes Kreuz
CV	[*kawàlli*] cavalli vapore	PS; Pferdestärke
D	[*diràtto*] treno diretto	Eilzug
d.C.	dopo Cristo [*dòpo krìsto*]	nach Christus
dott.	dottore [*dottò:re*]	Dr.
E.I.	Esercito Italiano [*esàrtschito itali-à:no*]	Italienisches Heer
ENIT	[*è:nit*] Ente Nazionale Industrie Turistiche	Staatliches Italienisches Fremdenverkehrsamt
E.P.T.	[*epitì*] Ente Provinciale del Turismo	Fremdenverkehrsamt der Provinz
EXP	[*espràsso*] treno espresso	Schnellzug
FF.SS.	Ferrovie dello Stato [*ferrowì:e dèllo stà:to*]	Italienische Staatsbahnen
G.U.	gazzetta ufficiale [*gadsètta uffitschà:le*]	Italienisches Amtsblatt

G.V.	grande velocità [*grànde welotschità*]	Eilgut
I.C.E.	[*ì:tsche*] Istituto per il Commercio con l'Estero	Italienisches Außenhandelsinstitut
IVA	[*ì:wa*] Imposta sul Valore Aggiunto	Mehrwertsteuer
L	[*lokà:le*] treno locale	Personenzug; Lokalzug
mc	metro cubo [*mè:tro kù:bo*]	Kubikmeter
mq	metro quadrato [*mè:tro kuadrà:to*]	Qudratmeter
n	numero [*nù:mero*]	Nummer
N.U.	nettezza urbana [*nettètssa urbà:na*]	Städtische Reinigung
ONU	[*ò:nu*] Nazioni Unite	UNO
pag.	pagina [*pà:dschina*]	Seite
p.c.	per conoscenza [*pèr konoschäntssa*]	zur Kenntnisnahme
p.c.c.	per copia conforme [*pèr kò-pi-a konfòrme*]	für die Richtigkeit der Abschrift
PP.TT.	Poste e Telecomunicazioni [*pòste e telekomunikats-si-ò:ni*]	Post- und Telegraphenamt
P.S.	[*pi-ässe*] Pubblica Sicurezza	Sicherheitspolizei
p.za	piazza [*pi-àtssa*]	Platz
racc.	raccomandata [*rakkomandà:ta*]	Einschreibebrief
RAI	[*rà-i*] Radio Audizioni Italiane	Italienische Rundfunkanstalt
RAI-TV	[*ra-itiwù*] Radio Televisione Italiana	Italienische Fernsehanstalt
S./SS.	san, santo, santi [*ssàn, ssànto, ssànti*]	Sankt, Heilige(r)
s.b.f.	salvo buon fine [*sàlwo bu-òn fì:ne*]	unter Vorbehalt
sec.	secolo [*sè:kolo*]	Jahrhundert
sec.	secondo [*sekòndo*]	Sekunde
S.E.e.O.	salvo errori e omissioni [*ssàlwo errò:ri e omissi-ò:ni*]	Irrtum vorbehalten
SIAE	[*ssì-a-e*] Società Italiana Autori ed Editori	Italienischer Autoren- und Verlegerverband
sig.	signor [*ssinjòr*]	Herr
sig.a	signora [*ssinjò:ra*]	Frau
sigg./sig.ri	signori [*ssinjò:ri*]	Herren
sig.na	signorina [*ssinjorì:na*]	Fräulein

s.l.m.	sul livello del mare [*ssùl liwàllo dèl mà:re*]	über dem Meeresspiegel
S.p.A.	[*ässepì-a*] Società per Azioni	Aktiengesellschaft
s.r.l.	[*ässe-erre-èlle*] società a responsabilità limitata	GmbH
TCI	[*titschì-i*] Touring Club Italiano	Italienischer Touringclub
UE	Unione Europea [*uni-ò:ne e-uropè:a*]	Europäische Union
v.	via [*wì-a*]	Straße
vic.	vicolo [*wì:kolo*]	Gasse
v.le	viale [*wi-à:le*]	Allee
V.d.F.	Vigili del fuoco [*wì:dschili dèl fu-ò:ko*]	Feuerwehr

XV NOTRUFE

113 öffentlicher Notruf bei Gefahr für Menschen, bei schwerem Notstand und wenn es nicht möglich ist, die betreffende Körperschaft direkt anzurufen.

112 Bereitschaftsdienst der Karabinieri

115 Notruf der Berufsfeuerwehr

116 Abschleppdienst des italienischen Automobilclubs (ACI)

(06) 4212 Fernmündliche Betreuung des italienischen Automobilclubs in Rom

176 Fernmündliche internationale Auskunft

186 Telephonische Telegrammaufgabe für das In- und Ausland. Als Absender wird der Inhaber des Telephons, von welchem aus das Telegramm aufgegeben wird, betrachtet. Der Dienst wird während der Amtsstunden der Telegraphenämter abgewickelt.

XVI EINIGE GRAMMATIKALISCHE HINWEISE

DER ARTIKEL

DER BESTIMMTE ARTIKEL

weiblich Einzahl: la, l' [*là*]
männlich Einzahl: il [*il*], lo [*lò*], l'

weiblich Mehrzahl: le [*lè*]
männlich Mehrzahl: i [*i*], gli [*lji*]

"l'" wird sowohl bei weiblichen wie auch bei männlichen Substantiven verwendet, die mit Vokal beginnen. "Lo" und "gli" verwendet man vor "z" und "s" plus Konsonant.

DER UNBESTIMMTE ARTIKEL

weiblich: una [*ù:na*], un' [*ùn*]

männlich: un [*ùn*], uno [*ù:no*]

"un'" wird nur vor weiblichen Substantiven gebraucht, die mit Vokal beginnen; "uno" vor männlichen Substantiven, die mit "z" oder "s" plus Konsonant beginnen.

DER TEILUNGSARTIKEL

Er bezeichnet eine unbestimmte Menge eines großen Teiles und ist eine Verschmelzung der Präposition "di" mit dem bestimmten Artikel:

Einzahl	*Mehrzahl*
di + la = della [*dèlla*]	di + le = delle [*dèlle*]
di + l' = dell' [*dèll*]	di + i = dei [*dè:i*]
di + il = del [*dèl*]	di + gli = degli [*dèlji*]
di + lo = dello [*dèllo*]	

Nicht verwendet wird der Teilungsartikel, wenn es sich um abstrakte Begriffe handelt, um Aufzählungen, um Fragesätze und in verneinenden Sätzen. Auch nach Präpositionen gebraucht man ihn nicht.

DAS SUBSTANTIV

Das Geschlecht der Substantive erkennt man im Italienischen normalerweise an der Endung.
Männlich sind fast alle Substantive auf "o", weiblich fast alle auf "a". Eine ganze Reihe von Substantiven auf "e" können männlich oder

weiblich sein. Einige weibliche griechischen Ursprungs enden auf "i". Substantive auf "a", die männliche Lebewesen bezeichnen, sind fast immer männlich.
Der Plural ist mit Ausnahme der weiblichen Substantive auf "a" in allen Fällen "i". Weibliche Substantive auf "a" enden im Plural auf "e".
Gleiche Endungen im Singular und Plural haben alle einsilbigen Substantive, die Substantive mit betontem Endvokal und jene die auf "ie" enden, mit einer einzigen Ausnahme, d.h. "la moglie" [*là mòlje*], Plural "le mogli" [*lè mòlji*].
Substantive, die auf Konsonant auslauten sind meist männlich und bleiben im Plural unverändert.
Substantive auf "co", "go", "ca", "ga" schieben vor den Pluralendungen ein "h" ein.
Beispiel: il banco [*il bànko*], i banchi [*i bànki*]
la banca [*là bànka*], le banche [*lè bànke*]

Eine Ausnahme bildet das Wort "amico" [*amì:ko*]; der Plural lautet "amici" [*amì:tschi*].
Kein "h" fügen jene Substantive ein, die auf "co" und "go" enden und auf der drittletzten Silbe betont sind, wie zum Beispiel "medico" [*mȁdiko*]; Plural "medici" [*mȁditschi*].
Alle Substantive auf "cia" und "gia" behalten das "i" bei, wenn es betont ist.
Beispiel: farmacia [*farmatschì:a*]; Plural "farmacie" [*farmatschì:e*]
Einige Körperteile wechseln das Geschlecht beim Übergang vom Singular zum Plural.
Beispiel: "il dito" [*il dì:to*]; Plural "le dita" [*le dì:ta*]

Ausnahmen: il dio [*il dì:o*] - der Gott; Plural gli dei [*lji dȁ:i*]
la mano [*là mà:no*] - die Hand; Plura le mani [*lè mà:ni*]
l'uomo [*lu-ò:mo*] - der Mensch; Plural gli uomini [*lji u-ò:mini*]

DEKLINATION

Das Substantiv kennt keine Kasusendungen. Den Nominativ erkennt man daran, daß er vor dem Verb steht; der Akkusativ steht hinter dem Verb. Vor dem Genitiv steht die Präposition "di"; vor dem Dativ "a". Die Präpositionen verschmelzen sich mit dem bestimmten Artikel.

	la	l'	il	lo	le	i	gli
di	della	dell'	del	dello	delle	dei	degli
a	alla	all'	al	allo	alle	ai	agli

DAS ADJEKTIV

Das Adjektiv richtet sich in Geschlecht und Zahl nach dem Substantiv, und zwar sowohl in attributiver Stellung als auch in prädikativer Stellung.

Einzahl weiblich: Endung "a"	*Mehrzahl* Endung "e"
Einzahl männlich: Endung "o"	*Mehrzahl* Endung "i"

Eine Reihe von Adjektiven haben die Endung "e", Plural "i" und gelten für beide Geschlechter.
Bei der Pluralbildung beachte man zum Teil auch die Regeln der Pluralbildung der Substantive.

La carne è fresca [*là kàrne ä frèska*]	Das Fleisch ist frisch
Il pesce è fresco [*il pèsche ä frèsko*]	Der Fisch ist frisch
Le mele sono buone [*le mè:le ssò:no bu-ò:ne*]	Die Äpfel sind gut
I vini sono buoni [*i wì:ni ssò:no bu-ò:ni*]	Die Weine sind gut

Das attributive Adjektiv kann sowohl vor als auch nach dem Substantiv stehen.
Vor dem Substantiv stehen Adjektive, die in übertragener Bedeutung gebraucht werden, nach dem Substantiv bezeichnen die Adjektive ein unterscheidendes Merkmal.

Un caro saluto [*ùn kà:ro ssalù:to*]	Ein lieber Gruß
Un libro caro [*ùn lìbro kà:ro*]	Ein teures Buch

DIE STEIGERUNG DER ADJEKTIVE

GRUNDFORM	KOMPARATIV	ABSOLUTER SUPERLATIV
caro [*kà:ro*]	più caro [*pi-ù kà:ro*]	carissimo [*karìssimo*] molto caro [*mòlto kà:ro*]
teuer	teurer	sehr teuer

RELATIVER SUPERLATIV

il più caro [*ìl pi-ù kà:ro*]	der teuerste

Beim Komparativ wird "als" mit "di" übersetzt, wenn zwei Substantive miteinander verglichen werden.

Milano è più grande di Como [*Milà:no ä pi-ù grànde di Kò:mo*]	Mailand ist größer als Como

Es wird mit "che" übersetzt, wenn zwei Adjektive in bezug auf ein Substantiv miteinander verglichen werden.

Anna è più bella che intelligente [*ànna ä pi-ù bälla kè intellidschènte*]	Anna ist mehr schön als klug

"So/ebenso-wie" wird mit "così-come" [*kosì-kò:me*] oder mit "tanto-quanto" [*tànto-kuànto*] übersetzt.

DAS ADVERB

Abgesehen von den eigentlichen Adverbien (des Ortes, der Zeit, der Art und Weise) gibt es abgeleitete Adverbien, die durch das Anfügen von "mente" an die weibliche Form des Adjektivs gebildet werden.

allegro [*allè:gro*] lustig	allegramente [*allegramènte*]
felice [*felì:tsche*] glücklich	felicemente [*felì:tschemènte*]

Die Steigerung erfolgt wie beim Adjektiv.
Besonders zu beachten sind Folgende unregelmäßige Steigerungsformen:

bene [*bè:ne*]	meglio [*mäljo*]	ottimamente [*ottimamènte*]	gut
male [*mà:le*]	peggio [*pédscho*]	pessimamente [*pässimamènte*]	schlecht
molto [*mòlto*]	più [*pi-ù*]	moltissimo [*moltìssimo*]	viel
poco [*pò:ko*]	meno [*mè:no*]	pochissimo [*pokìssimo*]	wenig

DAS PRONOMEN

DAS PERSONALPRONOMEN

NOMINATIV	GENITIV	DATIV	AKKUSATIV
		Singular	
io [*ì:o*] ich	di me [*dì mä̀*] meiner	a me [*à mä̀*] mir	me [*mä̀*] mich
tu [*tù*] du	di te [*di tä̀*] deiner	a te [*à tä̀*] dir	te [*tä̀*] dich
lui [*lù:i*] er	di lui [*di lù:i*] seiner	a lui [*à lù:i*] ihm	lui [*lù:i*] ihn
lei [*lä̀:i*] sie	di lei [*di lä̀:i*] ihrer	a lei [*à lä̀:i*] ihr	lei [*lä̀:i*] sie
Lei [*lä̀:i*] Sie	di Lei [*di lä̀:i*] von Ihnen	a Lei [(*à lä̀:i*] Ihnen	Lei [*lä̀:i*] Sie
		Plural	
noi [*nò:i*] wir	di noi [*di nò:i*] unser	a noi [*à nò:i*] uns	noi [*nò:i*] uns
voi [*wò:i*] ihr	di voi [*di wò:i*] euer	a voi [*à wò:i*] euch	voi [*wò:i*] euch
loro [*lò:ro*] sie	di loro [*di lò:ro*] ihrer	a loro [*à lò:ro*] ihnen	loro [*lò:ro*] sie
Loro [*lò:ro*] Sie	di Loro [*di lò:ro*] Ihrer	a Loro [*à lò:ro*] von Ihnen	Loro [*lò:ro*] Sie

Das betonte Personalpronomen wird im allgemeinen nur in Verbindung mit Präpositionen gebraucht oder wenn es besonders hervorgehoben werden soll. Das Italienische kennt nämlich auch eine unbetonte Form des Personalpronomens, allerdings nur für den Dativ und den Akkusativ.

DATIV	AKKUSATIV	DATIV	AKKUSATIV
Singular		*Plural*	
mi [*mì*] mir	mi [*mì*] mich	ci [*tschì*] uns	ci [*tschì*] uns
ti [*tì*] dir	ti [*tì*] dich	vi [*wì*] euch	vi [*wì*] euch
gli [*ljì*] ihm	lo [*lò*] ihn	loro [*lò:ro*] ihnen	li [*lì*] sie
le [*lè*] ihr	la [*là*] sie	loro [*lò:ro*] ihnen	le [*lè*] sie
Le [*lè*] Ihnen	La [*là*] Sie	Loro [*lò:ro*] Ihnen	Li/Le [*lì/lè*] Sie

Diese unbetonten Formen stehen mit Ausnahme von "loro" vor dem Verb.

le abbiamo scritto finalmente [*lè abbi-à:mo skrìtto finalmènte*]	Wir haben ihr endlich geschrieben
abbiamo detto loro di tornare presto [*abbi-à:mo dètto lò:ro di tornà:re prèssto*]	Wir haben ihnen gesagt, ...
li abbiamo sentiti [*lì abbi-à:mo ssentì:ti*]	Wir haben sie [*m*] gehört
le abbiamo sentite [*lè abbi-à:mo ssentì:te*]	Wir haben sie [*f*] gehört

DAS REFLEXIVPRONOMEN

mi diverto [*mì diwàrto*] ich unterhalte/amüsiere mich
ti diverti [*tì diwàrti*]
si diverte [*ssì diwàrte*]
ci divertiamo [*tschì diwärti-à:mo*]
vi divertite [*wì diwärtì:te*]
si divertono [*ssì diwàrtono*]

DAS POSSESSIVPRONOMEN

Singular (f):

la mia amica [*là mì:a amì:ka*]	meine Freundin
la tua amica [*là tù:a amì:ka*]	deine Freundin
la sua amica [*là ssù:a amì:ka*]	seine, ihre Freundin
la Sua amica [*là ssù:a amì:ka*]	Ihre Freundin

la nostra amica [*là nòsstra amì:ka*]	unsere Freundin
la vostra amica [*là wòsstra amì:ka*]	eure Freundin
la loro amica [*là lò:ro amì:ka*]	ihre Freundin
la Loro amica [*là lò:ro amì:ka*]	Ihre Freundin

Plural (f):

le mie amiche [*lè mì:e amì:ke*]	meine Freundinnen
le tue amiche [*lè tù:e amì:ke*]	deine Freundinnen
le sue amiche [*lè ssù:e amì:ke*]	seine, ihre Freundinnen
le Sue amiche [*lè ssù:e amì:ke*]	Ihre Freundinnen
le nostre amiche [*lè nòsstre amì:ke*]	unsere Freundinnen
le vostre amiche [*lè wòsstre amì:ke*]	eure Freundinnen
le loro amiche [*lè lò:ro amì:ke*]	ihre Freundinnen
le Loro amiche [*lè lò:ro amì:ke*]	Ihre Freundinnen

Singular (m):

il mio amico [*ìl mì:o amì:ko*]	mein Freund
il tuo amico [*ìl tù:o amì:ko*]	dein Freund
il suo amico [*ìl ssù:o amì:ko*]	sein, ihr Freund
il Suo amico [*ìl ssù:o amì:ko*]	Ihr Freund
il nostro amico [*ìl nòsstro amì:ko*]	unser Freund
il vostro amico [*ìl wòsstro amì:ko*]	euer Freund
il loro amico [*ìl lò:ro amì:ko*]	ihr Freund
il Loro amico [*ìl lò:ro amì:ko*]	Ihr Freund

Plural (m):

i miei amici [*ì mi-ä:i amì:tschi*]	meine Freunde

i tuoi amici [*ì tu-ò:i amì:tschi*]	deine Freunde
i suoi amici [*ì ssu-ò:i amì:tschi*]	seine, ihre Freunde
i Suoi amici [*ì ssu-ò:i amì:tschi*]	Ihre Freunde
i nostri amici [*ì nòsstri amì:tschi*]	unsere Freunde
i vostri amici [*ì wòsstri amì:tschi*]	eure Freunde
i loro amici [*ì lò:ro amì:tschi*]	ihre Freunde
i Loro amici [*ì lò:ro amì:tschi*]	Ihre Freunde

Vor dem Possessivpronomen steht zumeist der bestimmte Artikel. Ohne bestimmten Artikel wird das Possessivpronomen nur bei allgemeinen Verwandtschaftsbezeichnungen verwendet: mia sorella [*mì:a ssoràlla*] meine Schwester - mio padre [*mì:o pà:dre*] mein Vater.

DAS DEMONSTRATIVPRONOMEN

Singular	*Plural*
questa [*kuèssta*], diese (f) quella [*kuèlla*], jene (f) quell' [*kuèll*], jene (f)	queste [*kuèsste*], diese (f) quelle [*kuèlle*], jene (f)
questo [*kuèssto*], dieser (m) quel [*kuèl*], quello [*kuèllo*] quell' [*kuèll*], jener (m)	questi [*kuèssti*], diese (m) quei [*kuè:i*], quegli [*kuèlji*], jene (m)

Das Pronomen "quello" verhält sich vor einem Substantiv oder einem Adjektiv ebenso wie der bestimmte Artikel. Das gleiche gilt für das Adjektiv "bello", schön: un bel bambino [*ùn bàl bambì:no*] ein schönes Kind.

Als Pronomen wird "quello" stets in den vollen Formen verwendet [*quello/quella/quelli/quelle*]. Man vermeidet auf diese Weise die Wiederholung des Substantivs.

le mie rose e quelle di mia mamma [*lè mì:e rò:se e kuèlle di mì:a màmma*]	meine Rosen und jene meiner Mutter

In bezug auf Personen gebraucht man substantivisch "costui" [*kostù:i*]; "costei" [*kostè:i*]; "costoro" [*kostò:ro*], d.h. dieser da; diese da; diese da (pl) sowie "colui" [*kolù-i*]; "colei" [*kolà-i*]; "coloro" [*kolò:ro*], d.h. jener da; jene da; jene da (pl).

DAS RELATIVPRONOMEN

NOMINATIV	che [*kè*]; il quale [*ìl kuà:le*]; la quale [*là kuà:le*], der, die	*Singular*
	che [*kè*]; i quali [*ì kuà:li*]; le quali [*lè kuà:li*]; die	*Plural*

GENITIV	di cui [*di kù:i*]; del quale [*dèl kuà:le*]; della quale [*dèlla kuà:le*], von dem, von der, dessen, deren	*Singular*
	di cui [*dì kù:i*]; dei quali [*dè:ì kuà:li*]; delle quali [*dèlle kuà:li*]; von denen, derer, deren	*Plural*
DATIV	a cui [*à kù:i*]; al quale [*àl kuà:le*]; alla quale [*àlla kuà:le*], dem, der	*Singular*
	a cui [*à kù:i*]; ai quali [*à-i kuà:li*]; alle quali [*àlle kuà:li*], denen	*Plural*
AKKUSATIV	che [*kè*], den, die (f)	*Singular*
	che [*kè*], die	*Plural*

Im Nominativ und Akkusativ wird "che" für beide Geschlechter sowie für die Ein- und Mehrzahl verwendet.
"il quale", "la quale" wird nach Präpositionen gebraucht und ebenso, um Unklarheiten zu vermeiden:

il treno, con il quale sono arrivata [*il tré:no kòn il kuà:le ssò:no arriwà:ta*]	der Zug, mit dem ich gekommen bin ...
parlo con la sorella di Antonio che vedrò domani [*pàrlo kòn la ssorälla di antòni-o, kè wedrò domà:ni*]	ich spreche mit der Schwester von Antonio, den ich morgen sehen werde

DAS INTERROGATIVPRONOMEN

Singular

NOMINATIV	chi? [*kì*] wer?	che cosa? [*kè kò:sa*] was?
GENITIV	di chi? [*dì kì*] wessen?	di che cosa? [*dì kè kò:sa*] wovon?
DATIV	a chi? [*à kì*] wem?	a che cosa? [*à kè kò:sa*] wozu?
AKKUSATIV	chi? [*kì*] wen?	che cosa [*kè kò:sa*] was?

Plural

NOMINATIV	quale? [*kuà:le*] welche (r,s)	quali? [*kuà:li*] welche
GENITIV	di quale? [*di kuà:le*] welches, welcher	di quali? [*dì kuà:li*] welcher
DATIV	a quale? [*à kuà:le*] welchem, welcher	a quali [*à kuà:li*] welchen
AKKUSATIV	quale [*kuà:le*] welche, welcher, welches	quali? [*kuà:li*] welche

DAS INDEFINITPRONOMEN

Man unterteilt die Indefinitpronomen in drei Gruppen:

adjektivisch gebrauchte, wie zum Beispiel:

ogni [*ònji*] jeder	qualche [*kuàlke*] irgendein, einige
qualsiasi [*kualssì-asi*] irgendein	qualunque [*kualùnkue*] welcher auch immer

substantivisch gebrauchte, wie zum Beispiel:

taluni [*talù:ni*] manche	chiunque [*ki-ùnkue*] wer immer auch
niente [*ni-ènte*] nichts	ognuno [*onjù:no*] jeder
qualcuno [*kualkù:no*] irgend jemand	uno [*ù:no*] einer

adjektivisch und substantivisch gebrauchte, wie zum Beispiel:

alcuni [*alkù:ni*] einige	ciascuno [*tschaskù:no*] jeder einzelne
nessuno [*nessù:no*], keiner, kein	parecchi [*parèkki*], mehrere

DIE PRÄPOSITIONEN

durch (bei Vermittlung durch Personen)	per mezzo di [*pèr mădso dì*]
durch (mittels Sachen)	con [*kòn*]
durch (im Passiv)	da [*dà*]
für	per [*pèr*]
gegen	contro [*kòntro*]
ohne	senza [*săntssa*]
um (herum)	attorno [*attòrno*], intorno a [*intòrno à*]
um (zeitlich)	alle [*àlle*]
bis	fino a [*fì:no à*]
aus (räumlich)	da [*dà*]
aus (stofflich)	di [*dì*]
aus (kausal)	per [*pèr*]
außer (ausgenommen)	tranne [*trànne*]
außer (eingeschlossen)	oltre [*òltre*]
bei	presso [*prèsso*]
bei (plus Infinitiv) wird im Italienischen mit dem Gerundium übersetzt oder mit	mentre [*mèntre*]
mit	con [*kòn*]
nach (gemäß)	secondo [*ssekòndo*]
nach (entsprechend)	conforme [*konfòrme*]
nach (hinter)	dietro [*di-è:tro*]
nach (zeitlich)	dopo [*dò:po*]
seit	da [*dà*]
von	da [*dà*]
von (qualitativ)	di [*dì*]
zu (lokal)	verso [*wărsso*]
zu (auf Personen bezogen)	da [*dà*]

zu (wenn es einen Zweck einschließt)	a [*à*]
zu (final)	per [*pèr*]
an	a [*à*]
auf	su [*ssù*], sopra [*ssòpra*]
hinter	dietro [*di-ètro*]
in	in [*ìn*]
neben	accanto [*akkànto*], vicino [*witschì:no*]
über	sopra [*ssòpra*]
unter (lokal)	sotto [*ssòtto*]
unter (zwischen)	tra [*trà*]
vor (lokal)	davanti a [*dawànti à*]
vor (zeitlich)	prima di [*prì:ma dì*]; fa [*fà*] wird nachgestellt; vor drei Jahren, tre anni fa [*trä ànni fà*]
vor (kausal)	da [*dà*]
zwischen	fra [*frà*]; in mezzo a [*in mädso à*]
anstatt	invece di [*inwè:tsche dì*]
trotz	nonostante [*nonostànte*]
wegen	a causa di [*à kà-usa dì*]
innerhalb	entro [*èntro*]
außerhalb (lokal)	al di fuori di [*àl di fu-ò:ri dì*]
oberhalb	al di sopra di [*àl di ssòpra dì*]
unterhalb	al di sotto di [*àl di ssòtto dì*]
längs	lungo [*lùngo*]
mittels [bei Sachen]	per mezzo di [*pèr mädso dì*]
aufgrund	in base a [*in bà:se à*], per [*pèr*]
zufolge	secondo [*ssekòndo*]
seitens	da parte di [*dà pàrte dì*]

DIE KONJUNKTIONEN

Es gibt beiordnende und unterordnende Konjugationen.

Beiordnend sind zum Beispiel: e [*è*], und; anche [*ànke*], auch; pure [*pù:re*], auch; neanche [*ne-ànke*], auch nicht; o [*ò*], oder; oppure [*op-pù:re*], oder auch; ma [*mà*], aber; anzi [*àntssi*], dagegen; né ... né [*nè ... nè*], weder ... noch; non solo ... ma anche [*nòn ssò:lo ... mà ànke*], nicht nur ... sondern auch; usw.

Unterordnend sind zum Beispiel: quando [*kuàndo*] wenn, als; mentre [*mèntre*], während; finché [*finkè*], bis; dopo che [*dò:po kè*], nachdem; prima che [*prì:ma kè*], bevor; perché [*perkè*], weil; poiché [*po-ikè*], sicco-me [*sikkò:me*], da, weil; affinché [*affinkè*], damit; se [*sè*], wenn, ob; sebbene [*sebbè:ne*], obwohl, come se [*kò:me ssè*], als ob; cosicché [*ko-sikkè*], so daß; che [*kè*], daß.

DAS ZAHLWORT

Diese Wortart ist bereits auf Seite 21 behandelt worden.

DAS VERB

DIE HILFSVERBEN

Die Hilfverten sind "essere" [*àssere*], sein/werden und "avere" [*awè:re*], haben.

Essere

INFINITIV

Präsens: essere [*àssere*] sein

Perfekt: essere stato [*àssere stà:to*] gewesen sein

GERUNDIUM

Präsens: essendo [*essàndo*] seiend

Perfekt: essendo stato [*essàndo stà:to*

PARTIZIP

Präsens: essente [*essènte*]

Perfekt: stato [*stà:to*] gewesen

INDIKATIV

Präsens	*Perfekt*
io sono [*ssò:no*] ich bin	sono stato [*ssò:no stà:to*] ich bin gewesen usw.
tu sei [*ssà-i*] du bist	sei stato [*ssà-i stà:to*]
egli è [*à*], er, sie, es ist Sie sind (sing.)	è stato [*à stà:to*]
noi siamo [*ssi-à:mo*] wir sind	siamo stati [*ssi-à:mo stà:ti*]
voi siete [*ssi-è:te*] ihr seid	siete stati [*ssi-è:te stà:ti*]
essi sono [*ssò:no*] sie/Sie sind	sono stati [*ssò:no stà:ti*]

Imperfekt	*Plusquamperfekt*
ero [*è:ro*] ich war, usw.	ero stato [*è:ro stà:to*], ich war gewesen
eri [*è:ri*]	eri stato [*è:ri stà:to*]
era [*è:ra*]	era stato [*è:ra stà:to*]
eravamo [*erawà:mo*]	eravamo stati [*erawà:mo stà:ti*]
eravate [*erawà:te*]	eravate stati [*erawà:te stà:ti*]
erano [*èrano*]	erano stati [*èrano stà:ti*]

Das Gerundium ist unveränderlich und wird im Deutschen meist mit einem Nebensatz, der mit Konjunktionen wie "indem, da, während" eingeleitet wird, übersetzt. Es drückt die Gleichzeitigkeit von zwei Handlungen aus.

Historisches Perfekt	*Historisches Plusquamperfekt*
fui [*fù:i*] ich war, usw.	fui stato [*fù:i stà:to*] ich war gewesen
fosti [*fòsti*]	fosti stato [*fòsti stà:to*]
fu [*fù*]	fu stato [*fù stà:to*]
fummo [*fùmmo*]	fummo stati [*fùmmo stà:ti*]
foste [*fòste*]	foste stati [*fòste stà:ti*]
furono [*fù:rono*]	furono stati [*fù:rono stà:ti*]

Futur I	*Futur II*
sarò [*ssarò*] ich werde sein, usw.	sarò stato [*ssarò stà:to*], ich werde gewesen sein
sarai [*ssarà:i*]	sarai stato [*ssarà:i stà:to*]
sarà [*ssarà*]	sarà stato [*ssarà stà:to*]
saremo [*ssarè:mo*]	saremo stati [*ssarè:mo stà:ti*]
sarete [*ssarè:te*]	sarete stati [*ssarè:te stà:ti*]
saranno [*ssarànno*]	saranno stati [*sarànno stà:ti*]

KONJUNKTIV

Präsens	*Perfekt*
che io sia [*ssì:a*] ich sei, usw.	che io sia stato [*ssì:a stà:to*], ich sei gewesen, usw.
sia [*ssì:a*]	sia stato [*ssì:a stà:to*]
sia [*ssì:a*]	sia stato [*ssì:a stà:to*
siamo [*ssi-à:mo*]	siamo stati [*ssi-à:mo stà:ti*]
siate [*ssi-à:te*]	siate stati [*ssi-à:te stà:ti*]
siano [*ssì:ano*]	siano stati [*ssì:ano stà:ti*]

Imperfekt	*Plusquamperfekt*
che io fossi [*fòssi*] ich wäre, usw.	che io fossi stato [*fòssi stà:to*] wäre gewesen, usw.
fossi [*fòssi*]	fossi stato [*fò:ssi stà:to*]
fosse [*fòsse*]	fosse stato [*fòsse stà:to*]
fossimo [*fòssimo*]	fossimo stati [*fòssimo stà:ti*]
foste [*fòste*]	foste stati [*fòste stà:ti*]
fossero [*fòssero*]	fossero stati [*fòssero stà:ti*]

KONDITIONAL

Präsens	*Perfekt*
sarei [*ssarà:i*] ich würde sein, usw.	sarei stato [*ssarà:i stà:to*] ich würde gewesen sein, usw.

saresti [*ssarèsti*] | saresti stato [*ssarèsti stà:to*]
sarebbe [*ssarèbbe*] | sarebbe stato [*ssarèbbe stà:to*]
saremmo [*ssarèmmo*] | saremmo stati [*ssarèmmo stà:ti*]

sareste [*ssarèste*] | sareste stati [*ssareste stà:ti*]
sarebbero [*ssarèbbero*] | sarebbero stati [*ssarèbbero stà:ti*]

IMPERATIV

sii [*ssì:i*] sei
non essere [*nòn àssere*] sei nicht
sia [*ssì:a*] sei er, sie; seien Sie
siamo [*ssi-à:mo*] seien wir
siate [*ssi-à:te*] seid
siano [*ssì:ano*]

Das historische Perfekt bezeichnet eine in der Vergangenheit abgeschlossene Handlung, das Imperfekt bezieht sich hingegen auf die Dauer einer Handlung und bezeichnet vergangene Zustände oder zur Gewohnheit gewordene Vorkommnisse. Das Perfekt bezeichnet eine vergangene Handlung in einem Zeitraum, der noch fortdauert, oder eine Handlung, die in der Gegenwart noch fortwirkt.
Der Konjunktiv drückt im Nebensatz eine Möglichkeit, eine Wahrscheinlichkeit oder auch Unsicherheit aus. Ferner steht er nach bestimmten Konjunktionen, wie zum Beispiel "se" [*ssè*], wenn, "benché" [*benkè*], obgleich, "a condizione che" [*à konditssi-ò:ne kè*], unter der Bedingung, daß, "prima che" [*prì:ma kè*], bevor, "finché" [*finkè*], bis, affinché [*affinkè*], damit u.a., nach bestimmten Fürwörtern, wie zum Beispiel "chiunque" [*kiùnkue*], wer auch immer, und in Relativsätzen, wenn sie einen Wunsch oder eine Bedingung beinhalten. Ist der Hauptsatz im Präsens Indikativ oder im Futur, verwendet man im Nebensatz den Konjunktiv Präsens oder Perfekt; drückt der Hauptsatz eine vergangene Handlung aus, steht im Nebensatz der Konjunktiv Imperfekt oder Plusquamperfekt. Bei der indirekten Rede verwendet man im Italienischen den Indikativ.
Der Konditional wird gebraucht, wenn der Nebensatz eine Bedingung enthält und im Konjunktiv steht. "Sarei contenta, se tu fossi a Roma [*ssarä:i kontènta ssè tu fòssi à rò:ma*], mir würde es Freude machen, wenn du in Rom wärst.

Avere

INFINITIV

Präsens: avere [*awè:re*] haben | *Perfekt*: avere avuto [*awè:re awù:to*] gehabt haben

GERUNDIUM

Präsens: avendo [*awèndo*] | *Perfekt*: avendo avuto [*awèndo awù:to*]

PARTIZIP

Präsens: avente [*awènte*] | *Perfekt*: avuto [*awù:to*]

INDIKATIV

Präsens

ho [*ò*] ich habe
hai [*à:i*] du hast
ha [*à*] er, sie, es hat
abbiamo [*abbi-à:mo*] wir haben
avete [*awè:te*] ihr habt
hanno [*ànno*] sie haben

Perfekt

ho avuto [*ò awù:to*] ich habe gehabt, usw.
hai avuto [*à:i awù:to*]
ha avuto [*à awù:to*]
abbiamo avuto [*abbi-à:mo awù:to*]
avete avuto [*awè:te awù:to*]
hanno avuto [*ànno awù:to*]

Imperfekt

avevo [*awè:wo*] ich hatte
avevi [*awè:wi*]
aveva [*awè:wa*]
avevamo [*awewà:mo*]
avevate [*awewà:te*]
avevano [*awè:wano*]

Plusquamperfekt

avevo avuto [*awè:wo awù:to*] ich hatte gehabt, usw.
avevi avuto [*awè:wi awù:to*]
aveva avuto [*awè:wa awù:to*]
avevamo avuto [*awewà:mo awù:to*]
avevate avuto [*awewà:te awù:to*]
avevano avuto [*awè:wano awù:to*]

Historisches Perfekt

ebbi [*èbbi*] ich hatte
avesti [*awèsti*]
ebbe [*èbbe*]
avemmo [*awèmmo*]
aveste [*awèste*]
ebbero [*èbbero*]

Historisches Plusquamperfekt

ebbi avuto [*èbbi awù:to*] ich hatte gehabt
avesti avuto [*awèsti awù:to*]
ebbe avuto [*ebbe awù:to*]
avemmo avuto [*awèmmo awù:to*]
aveste avuto [*awèste awù:to*]
ebbero avuto [*èbbero awù:to*]

Futur I

avrò [*awrò*] ich werde haben
avrai [*awrà:i*]
avrà [*awrà*]
avremo [*awrè:mo*]
avrete [*awrè:te*]
avranno [*awrànno*]

Futur II

avrò avuto [*awrò awù:to*] ich werde gehabt haben
avrai avuto [*awrà:i awù:to*]
avrà avuto [*awrà awù:to*]
avremo avuto [*awrè:mo awù:to*]
avrete avuto [*awrè:te awù:to*]
avranno avuto [*awrànno awù:to*]

KONJUNKTIV

Präsens

che io abbia [*àbbi-a*], daß ich habe
abbia [*àbbi-a*]

Perfekt

che io abbia avuto [*kè i-o àbbi-a awù:to*], daß ich gehabt habe
abbia avuto [*àbbi-a awù:to*]

abbia [*àbbi-a*]	abbia avuto [*àbbi-a awù:to*]
abbiamo [*abbi-à:mo*]	abbiamo avuto [*abbi-à:mo awù:to*]
abbiate [*abbi-à:te*]	abbiate avuto [*abbi-à:te awù:to*]
abbiano [*àbbi-ano*]	abbiano avuto [*àbbi-ano awù:to*]

Imperfekt	*Plusquamperfekt*
che io avessi [*kè ì-o awèssi*] daß ich hätte	che io avessi avuto [*kè ì-o awèssi awù:to*]daß ich gehabt hätte
avessi [*awèssi*]	avessi avuto [*awèssi awù:to*]
avesse [*awèsse*]	avesse avuto [*awesse awù:to*]
avessimo [*awèssimo*]	avessimo avuto [*awèssimo awù:to*]
aveste [*awèste*]	aveste avuto [*awèste awù:to*]
avessero [*awessero*]	avessero avuto [*awèssero awù:to*]

KONDITIONAL

Präsens	*Perfekt*
avrei [*awrä:i*] ich würde haben	avrei avuto [*awrä:i awù:to*] ich würde gehabt haben
avresti [*awrèsti*]	avresti avuto [*awrèsti awù:to*]
avrebbe [*awrèbbe*]	avrebbe avuto [*awrèbbe awù:to*]
avremmo [*awrèmmo*]	avremmo avuto [*awrèmmo awù:to*]
avreste [*awrèste*]	avreste avuto [*awrèste awù:to*]
avrebbero [*awrèbbero*]	avrebbero avuto [*awrèbbero awù:to*]

IMPERATIV

abbi [*àbbi*] habe	abbiamo [*abbi-à:mo*]
non avere [*nòn awè:re*] habe nicht	abbiate [*abbi-à:te*]
abbia [*àbbi-a*] haben Sie (sing.)	abbiano [*àbbi-ano*] haben Sie (plur.)

DIE REGELMÄßIGEN VERBEN

unterteilt man je nach der Endung des Infinitivs in drei Konjugationen:

1 Gruppe: Verben auf -are
2 Gruppe: Verben auf -ere
3 Gruppe: Verben auf -ire

cantare [*kantà:re*] singen

INDIKATIV

Präsens

canto [*kànto*] ich singe
canti [*kànti*]
canta [*kànta*]
cantiamo [*kanti-à:mo*]
cantate [*kantà:te*]
cantano [*kàntano*]

Perfekt

ho cantato [*ò kantà:to*] ich habe gesungen
hai cantato [*à:i kantà:to*]
ha cantato [*à kantà:to*]
abbiamo cantato [*abbi-à:mo kantà:to*]
avete cantato [*awè:te kantà:to*]
hanno cantato [*ànno kantà:to*]

Imperfekt

cantavo [*kantà:wo*] ich sang
cantavi [*kantà:wi*]
cantava [*kantà:wa*]
cantavamo [*kantawà:mo*]
cantavate [*kantawà:te*]
cantavano [*kantà:wano*]

Plusquamperfekt

avevo cantato [*awè:wo kantà:to*] ich hatte gesungen
avevi cantato [*awè:wi kantà:to*]
aveva cantato [*awè:wa kantà:to*]
avevamo cantato [*awewà:mo kantà:to*]
avevate cantato [*awewà:te kantà:to*]
avevano cantato [*awè:wano kantà:to*]

Historisches Perfekt

cantai [*kantà:i*] ich sang
cantasti [*kantàsti*]
cantò [*kantò*]
cantammo [*kantàmmo*]
cantaste [*kantàste*]
cantarono [*kantà:rono*]

Historisches Plusquamperfekt

ebbi cantato [*èbbi kantà:to*] ich hatte gesungen
avesti cantato [*awèsti kantà:to*]
ebbe cantato [*èbbe kantà:to*]
avemmo cantato [*awèmmo kanta:to*]
aveste cantato [*awèste kantà:to*]
ebbero cantato [*èbbero kantà:to*]

Futur I

canterò [*kanterò*] ich werde singen
canterai [*kanterà:i*]
canterà [*kanterà*]
canteremo [*kanterè:mo*]
canterete [*kanterè:te*]
canteranno [*kanterànno*]

Futur II

avrò cantato [*awrò kantà:to*] ich werde gesungen haben
avrai cantato [*awrà:i kantà:to*]
avrà cantato [*awrà kantà:to*]
avremo cantato [*awrè:mo kantà:to*]
avrete cantato [*awrè:te kantà:to*]
avranno cantato [*awrànno kantà:to*]

KONJUNKTIV

Präsens

che io canti [*kè ì-o kànti*] daß ich singe
canti [*kànti*]
canti [*kànti*]
cantiamo [*kànti-à:mo*]
cantiate [*kànti-à:te*]
cantino [*kàntino*]

Perfekt

che io abbia cantato [*kè ì-o àbbi-a kantà:to*]
abbia cantato [*àbbi-a kantà:to*]
abbia cantato [*àbbi-a kantà:to*]
abbiamo cantato [*abbi-à:mo kantà:to*]
abbiate cantato [*abbi-à:te kantà:to*]
abbiano cantato [*àbbi-ano kantà:to*

Imperfekt

che io cantassi [*kè ì-o kantàssi*] daß ich sänge
cantassi [*kantàssi*]
cantasse [*kantàsse*]
cantassimo [*kantàssimo*]
cantaste [*kantàste*]
cantassero [*kantàssero*]

Plusquamperfekt

che io avessi cantato [*kè ì-o awèssi kantà:to*] daß ich gesungen hätte
avessi cantato [*awèssi kantà:to*]
avesse cantato [*awèsse kantà:to*]
avessimo cantato [*awèssimo kantà:to*]
aveste cantato [*awèste kantà:to*]
avessero cantato [*awèssero kantà:to*]

KONDITIONAL

Präsens

canterei [*kanterà:i*], ich würde singen
canteresti [*kanterèsti*]
canterebbe [*kanterèbbe*]
canteremmo [*kanterèmmo*]
cantereste [*kanterèste*]
canterebbero [*kanterèbbero*]

Perfekt

avrei cantato [*awrà:i kantà:to*] ich würde gesungen haben
avresti cantato [*awrèsti kantà:to*]
avrebbe cantato [*awrèbbe kantà:to*]
avremmo cantato [*awrèmmo kantà:to*]
avreste cantato [*awrèste kantà:to*]
avrebbero cantato [*awrèbbero kantà:to*]

IMPERATIV

canta tu [*kànta tù*] sing
non cantare [*nòn kantà:re*] sing nicht
canti [*kànti*] singen Sie (sing.)
cantiamo [*kanti-à:mo*]
cantate [*kantà:te*] singt
cantino [*kàntino*] singen Sie (pl.)

INFINITIV

Präsens: cantare [*kantà:re*]

Perfekt: avere cantato [*awè:re kantà:to*]

GERUNDIUM

Präsens: cantando [*kantàndo*]

Perfekt: avendo cantato [*awèndo kantà:to*]

PARTIZIP

Präsens: cantante [*kantànte*]

Perfekt: cantato [*kantà:to*]

Regelmässige verben auf -ere

vendere [*wèndere*] verkaufen

INDIKATIV

Präsens	*Perfekt*
vendo [*wàndo*] ich verkaufe	ho venduto [*ò wändù:to*] ich habe verkauft
vendi [*wàndi*]	hai venduto [*à:i wändù:to*]
vende [*wànde*]	ha venduto [*à wändù:to*]
vendiamo [*wendi-à:mo*]	abbiamo venduto [*abbi-à:mo wändù:to*]
vendete [*wändè:te*]	avete venduto [*awè:te wändù:to*]
vendono [*wàndono*]	hanno venduto [*ànno wändù:to*]

Imperfekt	*Plusquamperfekt*
vendevo [*wändè:wo*] ich verkaufte	avevo venduto [*awè:wo wändù:to*] ich hatte verkauft
vendevi [*wändè:wi*]	avevi venduto [*awè:wi wändù:to*]
vendeva [*wändè:wa*]	aveva venduto [*awè:wa wändù:to*]
vendevamo [*wändewà:mo*]	avevamo venduto [*awewà:mo wändù:to*]
vendevate [*wändewà:te*]	avevate venduto [*awewà:te wändù:to*]
vendevano [*wändè:wano*]	avevano venduto [*awè:wano wändù:to*]

Historisches Perfekt	*Historisches Plusquamperfekt*
vendetti [*wändètti*] ich verkaufte	ebbi venduto [*èbbi wändù:to*] ich hatte verkauft
vendesti [*wändèsti*]	avesti venduto [*awèsti wändù:to*]
vendette [*wändètte*]	ebbe venduto [*èbbe wändù:to*]

vendemmo [*wändèmmo*]

vendeste [*wändèste*]

vendettero [*wändèttero*]

avemmo venduto [*awèmmo wändù:to*]
aveste venduto [*awèste wändù:to*]
ebbero venduto [*èbbero wändù:to*]

Futur I

venderò [*wänderò*] ich werde verkaufen
venderai [*wänderà:i*]
venderà [*wänderà*]
venderemo [*wänderè:mo*]

venderete [*wänderè:te*]

venderanno [*wänderànno*]

Futur II

avrò venduto [*awrò wändù:to*] ich werde verkauft haben
avrai venduto [*awrà:i wändù:to*]
avrà venduto [*awrà wändù:to*]
avremo venduto [*awrè:mo wändù:to*]
avrete venduto [*awrè:te wändù:to*]
avranno venduto [*awrànno wändù:to*]

KONJUNKTIV

Präsens

che io venda [*kè ì-o wénda*] daß ich verkaufe
venda [*wànda*]

venda [*wànda*]

vendiamo [*wändi-à:mo*]

vendiate [*wändi-à:te*]

vendano [*wàndano*]

Perfekt

che io abbia venduto [*kè ì-o àbbi-a wändù:to*]
abbia venduto [*àbbi-a wändù:to*]
abbia venduto [*àbbi-a wändù:to*]
abbiamo venduto [*abbi-à:mo wänduto*]
abbiate venduto [*abbi-à:te wändù:to*]
abbiano venduto [*àbbi-ano wändù:to*]

Imperfekt

che io vendessi [*kè i-o wändèssi*]

daß ich verkaufte
vendessi [*wändèssi*]

vendesse [*wändesse*]

vendessimo [*wändèssimo*]

vendeste [*wändèste*]

vendessero [*wändèssero*]

Plusquamperfekt

che io avessi venduto [*kè i-o awèssi wändù:to*]
daß ich verkauft hätte
avessi venduto [*awèssi wändù:to*]
avesse venduto [*awèsse wändù:to*]
avessimo venduto [*awèssimo wändù:to*]
aveste venduto [*awèste wändù:to*]
avessero venduto [*awèssero wändù:to*]

KONDITIONAL

Präsens	*Perfekt*
venderei [*wänderà:i*] ich würde verkaufen	avrei venduto [*awrà:i wändù:to*] ich würde verkauft haben
venderesti [*wänderèsti*]	avresti venduto [*awrèsti wändù:to*]
venderebbe [*wänderèbbe*]	avrebbe venduto [*awrèbbe wändù:to*]
venderemmo [*wänderèmmo*]	avremmo venduto [*awrèmmo wändù:to*]
vendereste [*wänderèste*]	avreste venduto [*awrèste wändù:to*]
venderebbero [*wänderèbbero*]	avrebbero venduto [*awrèbbero wändù:to*]

IMPERATIV

vendi [*wàndi*] verkauf	vendiamo [*wändi-à:mo*]
non vendere [*nòn wàndere*] verkaufe nicht	vendete [*wändè:te*] verkauft
venda [*wànda*] verkaufen Sie (sing.)	vendano [*wàndano*] verkaufen Sie (pl.)

INFINITIV

Präsens: vendere [*wàndere*]

Perfekt: avere venduto [*awè:re wändù:to*]

GERUNDIUM

Präsens: vendendo [*wändèndo*]

Perfekt: avendo venduto [*awèndo wändù:to*]

PARTIZIP

Präsens: vendente [*wändènte*]

Perfekt: venduto [*wändù:to*]

Regelmässige verben auf -ire

dormire [*dormì:re*], schlafen

INDIKATIV

Präsens	*Perfekt*
dormo [*dòrmo*] ich schlafe	ho dormito [*ò dormì:to*] ich habe geschlafen
dormi [*dòrmi*]	hai dormito [*à:i dormì:to*]
dorme [*dòrme*]	ha dormito [*à dormì:to*]
dormiamo [*dormi-à:mo*]	abbiamo dormito [*abbi-à:mo dormì:to*]
dormite [*dormì:te*]	avete dormito [*awè:te dormì:to*]
dormono [*dòrmono*]	hanno dormito [*ànno dormì:to*]

Imperfekt

dormivo [*dormì:wo*] ich schlief

dormivi [*dormì:wi*]

dormiva [*dormì:wa*]

dormivamo [*dormiwà:mo*]

dormivate [*dormiwà:te*]

dormivano [*dormì:wano*]

Plusquamperfekt

avevo dormito [*awè:wo dormì:to*] ich hatte geschlafen

avevi dormito [*awè:wi dormì:to*]

aveva dormito [*awè:wa dormì:to*]

avevamo dormito [*awewà:mo dormì:to*]

avevate dormito [*awewà:te dormì:to*]

avevano dormito [*awè:wano dormì:to*]

Historisches Perfekt

dormii [*dormì:i*] ich schlief

dormisti [*dormìsti*]

dormì [*dormì*]

dormimmo [*dormìmmo*]

dormiste [*dormìste*]

dormirono [*dormì:rono*]

Historisches Plusquamperfekt

ebbi dormito [*èbbi dormì:to*] ich hatte geschlafen

avesti dormito [*awèsti dormì:to*]

ebbe dormito [*èbbe dormì:to*]

avemmo dormito [*awèmmo dormì:to*]

aveste dormito [*awèste dormì:to*]

ebbero dormito [*èbbero dormì:to*]

Futur I

dormirò [*dormirò*] ich werde schlafen

dormirai [*dormirà:i*]

dormirà [*dormirà*]

dormiremo [*dormirè:mo*]

dormirete [*dormirè:te*]

dormiranno [*dormirànno*]

Futur II

avrò dormito [*awrò dormì:to*] ich werde geschlafen haben

avrai dormito [*awrà:i dormì:to*]

avrà dormito [*awrà dormì:to*]

avremo dormito [*awrè:mo dormì:to*]

avrete dormito [*awrè:te dormì:to*]

avranno dormito [*awrànno dormì:to*]

KONJUNKTIV

Präsens

che io dorma [*kè ì-o dòrma*] daß ich schlafe

dorma [*dòrma*]

dorma [*dòrma*]

dormiamo [*dormi-à:mo*]

dormiate [*dormi-à:te*]

Perfekt

che io abbia dormito [*kè ì-o àbbi-a dormì:to*] daß ich geschlafen habe

abbia dormito [*àbbi-a dormì:to*]

abbia dormito [*àbbi-a dormì:to*]

abbiamo dormito [*abbi-à:mo dormì:to*]

abbiate dormito [*abbi-à:te dormì:to*]

dormano [*dòrmano*]

abbiano dormito [*àbbi-ano dormì:to*]

Imperfekt

che io dormissi [*kè ì-o dormìssi*] daß ich schliefe

dormissi [*dormìssi*]

dormisse [*dormìsse*]

dormissimo [*dormìssimo*]

dormiste [*dormìste*]

dormissero [*dormìssero*]

Plusquamperfekt

che io avessi dormito [*kè ì-o awèssi dormì:to*] daß ich geschlafen hätte

avessi dormito [*awèssi dormì:to*]

avesse dormito [*awèsse dormì:to*]

avessimo dormito [*awèssimo dormì:to*]

aveste dormito [*awèste dormì:to*]

avessero dormito [*awèssèro dormì:to*]

KONDITIONAL

Präsens

dormirei [*dormirà:i*] ich würde schlafen
dormiresti [*dormirèsti*]

dormirebbe [*dormirèbbe*]

dormiremmo [*dormirèmmo*]

dormireste [*dormirèste*]

dormirebbero [*dormirèbbero*]

Perfekt

avrei dormito [*awrà:i dormì:to*] ich würde geschlafen haben
avresti dormito [*awrèsti dormì:to*]

avrebbe dormito [*awrèbbe dormì:to*]

avremmo dormito [*awrèmmo dormì:to*]

avreste dormito [*awrèste dormì:to*]

avrebbero dormito [*awrèbbero dormì:to*]

IMPERATIV

dormi [*dòrmi*] schlaf

non dormire [*nòn dormì:re*] schlaf nicht
dorma [*dòrma*] schlafen Sie (sing.)

dormiamo [*dormi-à:mo*] schlafen wir
dormite [*dormì:te*] schlaft

dormano [*dòrmano*] schlafen Sie (pl.)

INFINITIV

Präsens: dormire [*dormì:re*]

Perfekt: avere dormito [*awè:re dormì:to*]

GERUNDIUM

Präsens: dormendo [*dormèndo*]

Perfekt: avendo dormito [*awèndo dormì:to*]

PARTIZIP

Präsens: dormente [*dormènte*] *Perfekt*: dormito [*dormì:to*]

Über vierhundert Verben auf -ire fügen vor der Konjugationsendung "isc" ein, wie z.B. "capire"

INDIKATIV PRÄSENS	KONJUNKTIV PRÄSENS	IMPERATIV
capisco [*kapìsko*], ich verstehe	che io capisca [*kè ì-o kapìska*]	—
capisci [*kapìschi*]	che tu capisca [*kè tù kapìska*]	capisci [*kapìschi*]
capisce [*kapìsche*]	che egli capisca [*kè elji kapìska*]	capisca [*kapìska*]
capiamo [*kapi-à:mo*]	che noi capiamo [*kapi-à:mo*]	capiamo [*kapi-à:mo*]
capite [*kapì:te*]	che voi capiate [*kapi-à:te*]	capite [*kapì:te*]
capiscono [*kapìskono*]	che essi capiscano [*kapìskano*]	capiscano [*kapìskano*]

Die wichtigsten sind: abolire [*abolì:re*], abschaffen; arrossire [*arrossì:re*], erröten; capire [*kapì:re*], verstehen; chiarire [*ki-arì:re*], klären; colpire [*kolpì:re*], schlagen, treffen; costruire [*kostru-ì:re*], bauen; custodire [*kustodì:re*], aufbewahren; definire [*definì:re*], bestimmen; digerire [*didscherì:re*], verdauen; diminuire [*diminu-ì:re*], abnehmen; distribuire [*distribu-ì:re*], verteilen; fallire [*fallì:re*], scheitern; ferire [*ferì:re*], verletzen; finire [*finì:re*] beenden; fiorire [*fi-orì:re*], blühen; garantire [*garantì:re*] gewährleisten; gradire [*gradì:re*] gern mögen; guarire [*gu-arì:re*], heilen; impazzire [*impatssì:re*] verrückt werden; impedire [*impedì:re*], verhindern; ingerire [*indscherì:re*], einnehmen; inserire [*insserì:re*], einfügen; marcire [*martschì:re*], faulen; obbedire [*obbedì:re*], gehorchen; preferire [*preferì:re*], bevorzugen; proibire [*pro-ibì:re*] verbieten; pulire [*pulì:re*] reinigen; punire [*punì:re*], strafen; rapire [*rapì:re*], rauben, fortschleppen; reagire [*re-adschì:re*] reagieren; restituire [*restitu-ì:re*]; zurückgeben; rimpicciolire [*rimpittscholì:re*] verkleinern; riunire [*ri-unì:re*], versammeln; smarrire [*ssmarrì:re*], verlieren; sostituire [*ssostitu-ì:re*], ersetzen, austauschen; sparire [*sparì:re*], verschwinden; spedire [*spedì:re*], senden; stupire [*stupì:re*], wundern; subire [*ssubì:re*], erleiden; tradire [*tradì:re*], verraten; unire [*unì:re*], vereinigen.

Passiv

Das Passiv wird mit dem Hilfsverb "essere" und dem Partizip Perfekt gebildet:

sono lodato [*ssò:no lodà:to*]	ich werde gelobt
sono stato lodato [*ssò:no stà:to lodà:to*]	ich bin gelobt worden

Es richtet sich in Geschlecht und Zahl nach dem Subjekt des Satzes.

Die unregelmässigen verben

Nachfolgend alphabetisch geordnet die unregelmäßigen Verben. Hier geben wir nur den Präsens und ev. das Partizip Perfekt wieder

andare [*andà:re*] gehen: vado [*wà:do*], vai [*wà:i*]; va [*wà*], andiamo [*andi-à:mo*], andate [*andà:te*], vanno [*vànno*]

bere [*bè:re*] trinken: bevo [*bè:wo*], bevi [*bè:wi*], beve [*bè:we*], beviamo [*bewi-à:mo*], bevete [*bewè:te*], bevono [*bè:wono*], bevuto [*bewù:to*]

dare [*dà:re*] geben: do [*dò*], dai [*dà:i*], dà [*dà*], diamo [*di-à:mo*], date [*dà:te*], danno [*dànno*], dato [*dà:to*]

dire [*dì:re*] sagen: dico [*dì:ko*], dici [*dì:tschi*], dice [*dì:tsche*], diciamo [*ditschà:mo*], dite [*dì:te*], dicono [*dì:kono*], detto [*dètto*]

dovere [*dowè:re*], müssen: devo [*dè:wo*], devi [*dè:wi*], deve [*dè:we*], dobbiamo [*dobbi-à:mo*], dovete [*dowè:te*], devono [*dè:wono*], dovuto [*dovù:to*]

fare [*fà:re*] machen: faccio [*fàttscho*], fai [*fà:i*], fa [*fà*], facciamo [*fatschà:mo*], fate [*fà:te*], fanno [*fànno*], fatto [*fàtto*]

porre [*pòrre*] stellen, setzen: pongo [*pòngo*], poni [*pò:ni*], pone [*pò:ne*], poniamo [*poni-à:mo*], ponete [*ponè:te*], pongono [*pòngono*], posto [*pòsto*]

potere [*potè:re*] können, dürfen: posso [*pòsso*], puoi [*pu-ò:i*], può [*pu-ò*], possiamo [*possi-à:mo*], potete [*potè:te*], possono [*pòssono*], potuto [*potù:to*]

rimanere [*rimanè:re*] bleiben: rimango [*rimàngo*], rimani [*rimà:ni*], rimane [*rimà:ne*], rimaniamo [*rimani-à:mo*], rimanete [*rimanè:te*], rimangono [*rimàngono*], rimasto [*rimàsto*]

salire [*ssalì:re*] hinaufgehen, einsteigen: salgo [*ssàlgo*], sali [*ssà:li*], sale [*ssà:le*], saliamo [*ssali-à:mo*], salite [*ssalì:te*], salgono [*ssàlgono*], salito [*salì:to*]

sapere [*ssapè:re*] wissen: so [*ssò*], sai [*ssà:i*], sa [*ssà*], sappiamo [*ssappi-à:mo*], sapete [*ssapè:te*], sanno [*ssànno*], saputo [*sapù:to*]

scegliere [*schäljere*] auswählen: scelgo [*schälgo*], scegli [*schälji*], sceglie [*schälje*], scegliamo [*schäljà:mo*], scegliete [*schäljète*], scelgono [*schälgono*], scelto [*schälto*]

stare [*stà:re*] bleiben, stehen: sto [*stò*], stai [*stà:i*], sta [*stà*], stiamo [*sti-à:mo*], state [*stà:te*], stanno [*stànno*], stato [*stà:to*]

tenere [*tenè:re*] halten: tengo [*tèngo*], tieni [*ti-è:ni*], tiene [*ti-è:ne*], teniamo [*teni-à:mo*], tenete [*tenè:te*], tengono [*tèngono*], tenuto [*tenù:to*]

uscire [*uschì:re*] hinausgehen, ausgehen: esco [*èsko*], esci [*èschi*], esce [*èsche*], usciamo [*uschà:mo*], uscite [*uschì:te*], escono [*èskono*], uscito [*uscì:to*]

valere [*walè:re*] gelten: valgo [*wàlgo*], vali [*wà:li*], vale [*wà:le*], valiamo [*wali-à:mo*], valete [*walè:te*], valgono [*wàlgono*], valso [*wàlsso*]

vedere [*wedè:re*] sehen: visto [*wìsto*]

venire [*wenì:re*] kommen: vengo [*wängo*], vieni [*wi-è:ni*], viene [*wi-è:ne*],veniamo[*weni-à:mo*],venite[*wenì:te*],vengono[*wèngono*], venuto [*wenù:to*]

volere [*wolè:re*] wollen: voglio [*wòljo*], vuoi [*wu-ò:i*], vuole [*wu-ò:le*], vogliamo [*woljà:mo*], volete [*wolè:te*], vogliono [*wòljono*], voluto [*volù:to*]

Einige Verben auf -ere bilden nur das historische Perfekt und das Partizip Perfekt unregelmäßig, wie zum Beispiel

accendere [*attschändere*] anzünden	accesi [*attschè:si*]	acceso [*attschè:so*]
cadere [*kadè:re*] fallen	caddi [*kàddi*]	caduto [*kadù:to*]
chiudere [*ki-ù:dere*] schließen	chiusi [*ki-ù:si*]	chiuso [*ki-ù:so*]
conoscere [*konò:schere*], kennen	conobbi [*konòbbi*]	conosciuto [*konoschù:to*]
correre [*kòrrere*], laufen	corsi [*kòrssi*]	corso [*kòrsso*]
discutere [*diskù:tere*], erörtern	discussi [*disskùssi*]	discusso [*disskùsso*]
dividere [*diwì:dere*], teilen	divisi [*diwì:si*]	diviso [*diwì:so*]
leggere [*lèddschere*], lesen	lessi [*lässi*]	letto [*lätto*]
mettere [*mèttere*], stellen, legen	misi [*mì:si*]	messo [*mèsso*]
nascere [*nàschere*], geboren werden	nacqui [*nàkui*]	nato [*nà:to*]
nascondere [*nasskòndere*], verstecken	nascosi [*nasskò:si*]	nascosto [*nasskòsto*]
perdere [*pärdere*], verlieren	persi [*pärssi*]	perso [*pärsso*]
piacere [*pi-atschè:re*], gefallen	piacqui [*pi-àkui*]	piaciuto [*pi-atschù:to*]
piangere [*pi-àndschere*], weinen	piansi [*pi-ànssi*]	pianto [*pi-ànto*]
prendere [*prändere*], nehmen	presi [*prè:si*]	preso [*prè:so*]
ridere [*rì:dere*], lachen	risi [*rì:si*]	riso [*rì:so*]

rispondere [*rispòndere*], antworten	risposi [*risspò:si*]	risposto [*risspòsto*]
rompere [*ròmpere*], zerbrechen	ruppi [*rùppi*]	rotto [*ròtto*]
scendere [*schèndere*], aussteigen	scesi [*schè:si*]	sceso [*schè:so*]
scrivere [*skrì:were*], schreiben	scrissi [*sskrìssi*]	scritto [*sskritto*]
spendere [*spèndere*], ausgeben	spesi [*sspè:si*]	speso [*sspè:so*]
spingere [*spìndschere*], schieben	spinsi [*sspìnssi*]	spinto [*sspìnto*]
vincere [*wìntschere*], siegen	vinsi [*wìnssi*]	vinto [*wìnto*]
vivere [*wì:were*], leben	vissi [*wìssi*]	vissuto [*wissù:to*]

Hinweise zur Rektion

Einige Verben regieren im Italienischen einen anderen Fall als im Deutschen

Deutsch Akkusativ:	**Italienisch Dativ:**
fragen, bitten um	chiedere [*ki-è:dere*], domandare a [*domandà:re à*]
Deutsch Dativ:	**Italienisch Akkusativ:**
begegnen	incontrare [*inkontrà:re*]
einen Rat geben	consigliare [*konssiljà:re*]
gehorchen	ubbidire [*ubbidì:re*]
folgen	seguire [*ssegu-ì:re*]
für etwas danken	ringraziare [*ringratssi-à:re*]
helfen	aiutare [*a-i-utà:re*]
widersprechen	contraddire [*kontraddì:re*]
zuhören	ascoltare [*asskoltà:re*]

SACHREGISTER

I MIEI APPUNTI

I MIEI APPUNTI

I MIEI APPUNTI

I MIEI APPUNTI